公教育と教育行政

教職のための教育行政入門

【改訂第2版】

曽我　雅比児

大学教育出版

はじめに

　本書は、一般大学の教職課程で教員免許を取得しようと志す、教育学分野の学問にはこれまでほとんど縁がなかった若き初学者を主たる読者と想定し、彼らが「教育行政（学）」あるいは「教育制度・歴史」の講義を受けるに当たっての教科書若しくは参考書として作成されたものである。執筆に当たって心がけたことは、平明な文章でつづること、無味乾燥な内容にならないこと、最新の法改正を正確に反映することなどであった。さてどこまでその誓いが達成されているかどうかは、読者の判断を仰ぐところである。

　上記３つの心がけのうち、特に最後の３点目、つまり最新の法改正をできるだけ正確に反映するという点に特に注意を払ったことを強調しておきたい。なぜなら、地方分権一括法の成立（1997年）、教育基本法の改正（2006年）、そして2007年６月の教育改革３法案（学校教育法、地方教育行政の組織及び運営に関する法律、教育職員免許法）の成立等、ここ数年主要な教育法の抜本的なあるいは大幅な改正が続いており、従来の教科書・参考書が陳腐なものになりつつあることから、この分野の学習を目指す人たちに正確な最新の情報を提供することは、教科書を執筆する者の義務と思うからである。

　良い教育が行われるためには、有能な教師が優れた内容の教育活動を行うことが何よりも大切なことであるが、そのためにはまず教師たちが思う存分力を発揮することができるための舞台装置、すなわち教育条件が整っていることが必要である。教育行政は、いわばこのような舞台を整える仕事のことをいう。学校教育は公共の事業として（＝公教育）形成されてきたので、その舞台装置を整える教育行政の仕事も国や地方公共団体が行う公的な作用として位置づけられている。

　本書は、将来教師を目指す人を対象とした、学校教育が行われるための舞台装置学習の入門書である。この本を読むことによって、なぜ公教育の制度が必要とされるようになったのか、その制度はどのような原理と法制によって組み立てられているのか、またその制度を管理する組織の機構や仕組みはどうなってい

るのか、さらに個別の学校における教育活動が機能するためにはどのような組織編成が採られ、教職員にはどのような役割が課せられているのか、という点についての理解が得られることを念願する次第である。

2007年7月

曽我　雅比児

改訂第2版に寄せて

本書の改訂版を刊行〔2015（平成27）年〕した以後も、同年10月のスポーツ庁の設置、翌年の小中一貫校である「義務教育学校」の新設、2018年の文部科学省内部部局の大型組織再編etc.と、大きな教育改変が連続して行われました。さらに、多くの人々を驚かせたことは、時代の変化に対応し教員としての必要な資質能力が保持されることを期して2009（平成21）年から始まった教員免許更新制が2022（令和4）年の7月をもって廃止されたことです。

これら一連の教育改革は当然ながら様々な教育法規の廃止や改変を伴いました。本書の初版本の「はじめに」に記しましたように、執筆にあたって著者が最も留意したことは最新の法改正をできる限り正確に反映することであります。したがって本書の改訂版刊行以後の主要な教育諸改革に伴う関連法規の改変についても見直しが必要となり、ここに改訂第2版を上梓することになりました。またこの機会を利用して、改訂版を精査し、誤植箇所や表現の曖昧な箇所も改めました。

本書が教職にある方々や、これから教職を目指す人々にとっての良き参考の書になることを心から願っております。

2024年4月

曽我　雅比児

公教育と教育行政　改訂第2版
——教職のための教育行政入門——

目　次

凡　例

○主要な法令の略称表

憲法	日本国憲法
教基法	教育基本法
旧教基法	教育基本法（旧法）
学教法	学校教育法
学教施令	学校教育法施行令
学教施規	学校教育法施行規則
学保健安全法	学校保健安全法
学保健安全施令	学校保健安全法施行令
学保健安全施規	学校保健安全法施行規則
義務標準法	公立義務教育学校の学級編制及び教職員定数の標準に関する法律
教科書無償措置法	義務教育諸学校の教科用図書の無償に関する法律
教特法	教育公務員特例法
私学法	私立学校法
地教行法	地方教育行政の組織及び運営に関する法律
地公法	地方公務員法
自治法	地方自治法
免許法	教育職員免許法

第1章
義務教育制度の成立と教育行政

第1節　公教育概念の出現と近代公教育制度の成立

1．国家の教育関与

　教育は本来親と子の間の自然な養育行動から始まり、大人の世代と社会的に未熟な世代との間の愛情と信頼に基づく麗しき人間行動の所産として今日に至っている。始原的には家庭から始まった教育行為は、文化・技術の発展と社会活動の分化・複雑化にともない家庭以外の場にも拡がってゆき、地域コミュニティー、職業集団、寺院、私塾、公共学校へと、時代が下るにしたがい特殊化もしくは専門化の方向で発達を遂げてきた。またそこで学ぶ者も、特別な階層の一部のエリートから広く一般庶民の子弟へと、男子だけではなく女子へもと、次第に対象の広がりをもたらしてきたが、そのような教育は人類史の長期間にわたって、その子が属する家庭や親族あるいは部族や社会階層の個別的な必要性に基づくものであったのであり、したがってそれらは基本的に私的営みであったということができる。

　徐々に広がりつつある教育関係に劇的な変化が起こったのは、近代国家の成立・登場の時であった。なぜならば、それまで長らく私的営みであった教育に国

家が初めて関与し始めることになったからである。国家が教育に関与すると言うことは、私的個人の形成とは異なる次元における人間形成、すなわち公的個人（＝国民）の形成という問題を重要な課題と、国家を運営する人々が認識しだしたと言うことである。ここに全ての個人に共通する学校教育、すなわち公的営みとしての公教育が唱えられ、それは徐々に公的制度として法規により組織的、体系的に整えられ、行政作用として国民すべてを巻き込みながら実施されるようになったのである。

　近代的な公教育の考えはヨーロッパ諸国においておおむね18世紀頃に出現し、19世紀になってその制度化が進み、19世紀後半には義務教育制度としてその中核部分の確立を見るに至る。それぞれの国における公教育の成立過程は、その国の歴史的に蓄積されてきた文化状況や教育水準をベースに、その国固有の政治的あるいは経済的要因からの複雑な影響を受けながらそれぞれ独自の展開を遂げてきており、成立した教育体制は当然のことながら多様性に富んでいる。しかし、どの国においてもほぼ共通するところは、公教育は国民全体に開放され、公の資金（＝税金）で維持され、何らかの公的統制を受けている教育であり、それは国家によって制度として整えられていることなどである。

　次に、このような公教育の思想が登場してきた背景を見ていくことにする。その検討を通して、公教育の思想には実は２つの異なる形態があることが明らかになるであろう。

２．公教育思想登場の背景と２つの思潮

（1）絶対主義国家における公教育

　近代以前の学校が個々に分立していた状態から、その社会の教育制度の中枢としての学校制度として社会的に確立されるためには、学校の果たす役割が、身分的・階級的なものから社会的に共通のものへと変えられることがその前提として必要であった。つまり、学校教育の目的ならびに対象自体が国家的規模において組織化されなければならなかったのである。こうした事態をもたらしたのが近代国民国家であり、そこでは、国民を対象とする国家による教育が社会制度

として求められ、学校制度がそれに応えていくことになる。

　ルネサンス、宗教改革によって切り開かれていくヨーロッパ近代社会において、長らく人々の精神と現実政治を支配していたローマカトリック的な普遍主義に替わって、絶対専制君主が掲げる国家主義が支配原理として確立していくことになる。この王権による国家主義推進の有力な手段としてみなされたのが世俗教育である。つまり、王権の利益が貫徹した世俗教育を義務教育として臣民（＝国民）に課していこうとする絶対主義型公教育の出現である。

　この型の公教育事業として最も有名なものは、ドイツの一領邦国家であったプロイセン王国における18世紀の民衆教育政策であった。プロイセン王国はスペイン継承戦争（1701-14）における功績により王国として承認された。その成立当初から絶対主義体制の確立、そのための富国強兵政策を進め、その関連の中で民衆教育政策も展開された。2代目国王のフリードリッヒ＝ヴィルヘルム1世は1717年に義務就学令を発し、5歳から12歳までを就学期間と定め、教義問答書などのキリスト教の知識や3R's（読・書・算）の習得を行わせようとした。この政策のねらいは、兵士の教育水準を向上させることにより軍隊の強化を進めることにあった。

　その観点をさらに進めたのが後継者フリードリッヒ2世（大王）（Friedrich II, 1712-86）であった。フリードリッヒ大王は1763年に「一般地方学事通則」を発し、民衆学校の制度と内容を一層堅固なものにしようとした。通則は、5歳から13・14歳までを就学期間と定め、学校の授業時間、授業料、教科書、教育課程など、細かい部分にまで及ぶ規定を盛り込んでいた。この規定はプロテスタント地域に適用されたものであったが、1765年にはカトリック地域の学校に対しても類似の法令が適用された。これらによってプロイセンの初等教育は国家管理の下に置かれることになった。

　以上のように、プロイセン絶対王政の民衆教育政策は、国家の安定と発展のために国家の必要に応じた民衆を作ることに主眼が置かれたものであった。具体的には、国家に必要な官僚団と常備軍の確保、殖産興業ならびに農民の生産能力の向上、さらには治安維持などの国家目的実現の観点から、子どもを就学させ3R'sと宗教教育を受けさせることを家長の義務として国家が課したのである。

このような公教育思想を国家主義的思潮と呼ぶ。

(2) 市民革命と公教育思想

　絶対専制君主が支配する体制は、中世社会から近代社会への過渡期的現象であった。封建的政治体制を維持しながら資本主義的経済体制に支えられている点に、絶対王制の特質があったからである。したがって、この両者のバランスが崩れる時に絶対王制は立ちいかなくなる。資本主義経済の発展は経済活動を様々な形で妨害する封建的政治体制と衝突を繰り返す中で、資本家たち（ブルジョアジー）はそれらの封建的束縛を政治的・法的に打破する必要に迫られ、そのため私的所有不可侵性を根本的な社会原理として打ち出していく。政治的・法的には自然権としての基本的人権を掲げてその正当性を主張し、経済的には私的所有・私有財産制の実現を求めて絶対王制を打倒した事件が市民革命であった。そこでは、精神的側面に関しても、フランス啓蒙思想家たちが示したように、個人の内面の私的所有が宗教の自由や良心の自由とともに「教育の自由」として提唱された。ここから、国家目的実現のための絶対主義型公教育とは明らかに異なる公教育思想が登場する。

　この型の公教育思想の典型は、フランス革命時革命議会の議員として活躍したコンドルセ（Condorcet, Marie Jean Antoine Nicolas de Caritat, 1743-94）が、公教育制度の実現を目指して議会に提案した『公教育の全般的組織に関する報告と法案』（1793）に見られる。コンドルセは教育を通して人間社会の完成を夢見ていた。すなわち、人間理性の無限の進歩が教育によって可能であり、またこれによってのみ人間社会の不断の発展が保証されると考えたのである。したがってそのような教育（＝公教育）を生涯にわたって平等に保障することは政府の大きな責務であると彼は考えた。そのような公教育を行う教育機関は、彼によると、まず一切の政治的権威から独立していなければならない。なぜなら、学習権は基本的人権に属するものであるので権力から侵害されてはならないからである。次に、そこでは科学的真理とこれを探究する能力が授けられるべきであって、いかなる思想信条も絶対化されてはならない。なぜなら、自ら理性的に考え、行動することができる自律的個人（能動的市民）の形成が公教育の目的

であるからである。

　このように、コンドルセによると、公教育とはすべての人がその天賦の才能を発達させうるために公平に与えられなければならない教育であり、これを保障することは人民に対する社会の義務である。したがって、国家は公教育制度を整備する責務を持つが、そこでは専ら知育（真理のみの教授）に限定され、訓育（道徳性の形成）は家庭に委ねられるべきであるとする。なぜなら、子どもを教育する権利は両親に属するからである。その権利は自然から与えられた義務でもあって、任意に放棄できないものであるので、親は子どもの教育に第一義的に責任を持つべきなのである。彼の徹底した「教育の自由」の尊重は、公教育を受けることを強制しないという考えにたどり着く。つまり、国家は各種の学校を用意し、無償の知育を提供する責務があるが、その利用は両親と本人の自由意志に委ねるのである。このような公教育思想を自由主義的思潮と呼ぶ。

3. 欧米における近代公教育制度の成立

(1) 義務教育制度成立の要因

　欧米の先進諸国において公教育制度の骨格をなす義務教育制度が確立するのは、公教育思想が提唱されて以来1世紀近くの試行錯誤の後、19世紀後半以降である。この時期は各国の資本主義経済体制が確固たる地位を築き、その基盤の上に近代市民社会が成熟していく時期に当たり、そのような経済・社会体制を支える保障装置として、資本家の利害を代弁する政府の手によって、就学の義務を中心とする義務教育制度が形成されたのである。

　このような義務教育の成立をもたらした主要な要因として、①資本主義の発達、②国家主義（ナショナリズム）の高揚、③民主主義の進展、という3点が指摘されている。つまり、産業界からの一定水準以上の知識と技能を持った大量の労働者を求める要求、国民の間にナショナリズムを高めるための国民意識の統合や愛国心教育の必要性、さらに国力増強や治安維持という政治上の必要などから義務教育制度の整備が重要な課題となったのである。他方、労働者階級の側からも、教育を受けることを基本的人権としてとらえる観点から、学校

教育の拡充・整備ならびに教育の機会均等の実現を求める運動が強力に展開されるようになり、このことが公教育制度の形成を進める推進力となった。

　このように、現実に成立した公教育制度は、上から（政府）からの要請と下から（国民）の要求の両面によって規定されている。以下において、欧米先進諸国における近代公教育制度の形成過程とその基本的性格を概観していくことにする。

(2) イギリス

　他国と比較した場合、イギリスの民衆教育の主要な特質は、私人または私的団体が中心的な役割を担う、いわゆるボランタリズムの原則である。古くは1698年に結成された「キリスト教知識普及協会」が道徳的に退廃した貧困児童を救済するために全国に慈善学校を建設し、3R'sと宗教の教授を施し、民衆教育の普及に多大の貢献を行った。産業革命期になると民衆児童を対象とする各種の学校が設けられたが、主要なものとしては18世紀後半からの「日曜学校」と19世紀前半の「助教生学校」があげられる。日曜学校は地方新聞の社主であるロバート・レークス（Robert Raikes, 1735-1811）が、少年非行の原因は教育の欠如にあるとの考えから開始し、その実践を新聞紙上で公表したことにより全国的に注目を浴び、急速に普及した。他方の助教生学校は最初から宗派的教育の普及を目的に結成された学校であり、国教会と非国教会の激しい競争により全国的に急速に普及した。助教生学校の普及には新しい教授法に対する民衆の支持も与ったといえよう。両派の教師であったベルとランカスターは同時期に似たような教授法を考案した。２人の名前をとってベル＝ランカスター方式と呼ばれるこの教授法は従来の個別教授法に替わる相互教授法であり、選抜された助教生が教師に指導された内容を他の児童に伝達する方法である。貧民に3R'sを安価にかつ迅速に教授することができる方法として時代の要請に合致し、全国的に風靡するにいたった。

　産業革命期の宗派主義に基づくボランタリズムの教育活動は、民衆の教育は公権力の介入を待つまでもなく専ら民間団体の事業として行うというイギリス教育の伝統を形づくったのである。このようにイギリスはボランタリズムの伝統が

強く、民衆の教育は長らく私的部門に任されてきたので、公教育を実現するための条件は教育への国家関与の拡大を通してのボランタリズムの克服にあった。その嚆矢は、1833年の国庫補助金制度による教育への国家介入であった。これは民衆教育のための校舎建設に当たって費用の一部を国庫から補助しようとする政策であった。この補助金の管理機構として1839年に「枢密院教育委員会」が発足し、初代長官にケイ＝シャトルワース（Kay-Shuttleworth, 1804-77）が就任した。彼は親および教会の持つ教育の権利を認め、ボランタリズムと自由の論理を支持しつつも、それのみでは達成不可能な国家に固有の教育機能があることを主張した。すなわち、社会秩序の維持という政治的必要から、貧民を無知から解放すべきこと、教育を慈善事業に委ねておくのは不十分で国家が積極的に関与すべきこと、などを内容とする公教育論を展開したのである。この委員会はイギリス史上最初の中央教育行政機構であった。

　枢密院教育委員会は国庫補助の管理に留まるだけでなく、初等教育への直接的な公的支配を広める政策を進めた。その1つは、1839年に宗派立の学校に対する国庫補助金を給付する代償として、政府の勅任視学官による学校査察制度の導入であった。今1つの政策は、助教生方式に替えて政府公認の正規の教員免許状を有する教員養成方式の推進であった。これは1846年の見習生方式の導入であり、小学校を修了した優等生を見習生として学校に残し、5年間助手を勤めさせながら教員の訓練を施し、試験合格後さらに数年の訓練を経た後教員免許状を付与し、教職に就かせるという方式であった。1833年から1846年にかけての枢密院教育委員会の公教育政策の展開により、国庫補助制度、視学制度、教員養成制度からなるイギリス公教育制度の基礎が確定したのである。

　かくて公教育制度の基礎が固まるにつれ、国庫補助金の金額が増加し、その対象も拡大していった。補助金総額は当初の2万ポンドから1847年には10万ポンド、61年には81万ポンドへと急増し、支出対象も校舎建築費補助から教員（見習生も含む）の給与補助、児童数に応じた経営費補助へと拡大した。ところが、1854年のクリミヤ戦争（1853-56）への参戦およびその後の軍備拡張によって政府は財政困難に陥り、厳しい経費節減を余儀なくされた。そのために補助金の抑制が図られ、1862年に「改正教育令」が制定された。この法令による新

しい方式は、補助の対象を初等学校の建設費と維持費に限定し、生徒の出席状況と学業成績、教師の資格および学校の状態に応じて補助金を交付したため、「出来高払い」と呼ばれた。この制度は当時の社会を支配していた経済合理主義や自由競争の原理を教育にも適用したものであったが、これにより、かたや補助金の削減という所期の目的は達成されたが、他方では、3R's以外の人間形成教育、特に道徳教育の軽視や、試験における不正行為の横行、教職の魅力の低下による見習生の減少等、様々な弊害がもたらされた。

1867年の選挙法改正によって新たに選挙権を獲得した都市小市民や労働者たちは、混乱する教育の現状を打開する方策を模索し始めた。1869年に主張の異なる2つの教育運動団体が相次いで結成された。1つは「国民教育連盟」で、公的資金による義務制の世俗学校の設置と地方当局の管理下での維持運営を求めた。他方は「国民教育連合」で、ボランタリズムの基本的継承と地方当局の部分的関与による民衆教育の強化を要求した。両派の主張の折衷として成立したのが翌年の「初等教育法」（1870年法、フォスター法）である。1870年法は1833年以来展開されてきた一連の公教育政策の集大成ともいえる立法であった。特に以下の3点の規定は近代公教育制度の確立への重要な軌跡となった。①全国を学区に分け、必要な学区には住民代表からなる学務委員会を設置し、小学校の設置と維持に当たらせるとしたこと。②学校の設置・維持のために地方税を徴収することができるようにしたこと。③学務委員会は必要と認めれば学区内の5〜13歳の児童の就学を強制することができること。

1870年法はそれ自体として完全なものではなく、以後の各種の教育法によって補完されることによってその成果を上げることができた。まず、就学義務面については、1876年の「初等教育法」によって強化され、1880年の教育法によってほぼ確立された。1880年法は、就学の強制を学務委員会の任意の判断に委ねてきた従来の方式を改め、以後は法に基づく義務であると明記した。また義務教育の無償については、イギリスでは伝統的に教育の私事性と受益者負担の考えが強く支持されてきたので、公教育推進者の中にも少額の授業料を徴収することの必要性を主張する者が多くいた。1870年法も原則として授業料を徴収し、例外として貧困家庭には免除する規程を採用していた。1891年の「無償学校法」

によって上記の原則と例外は逆転されたが、なお完全無償にはならず、ようやく
1918年法（フィッシャー法）にいたって完全な授業料の無償が実現したのである。

　このように、イギリスの公教育制度は19世紀末までにほぼ整備されたが、社
会階層間の根強い教育意識の相違を背景にして、私立学校と公立学校の差別が
温存され、学校系統の2重体系は完全に解決されるにはいたらなかった。ここ
にイギリスにおける公教育体制の特色が見られ、教育の機会均等化の問題は20
世紀の課題として持ち越されたのである。

(3) フランス

　フランスは大革命の混乱の中からナポレオンが権力を掌握し帝政を樹立した
が、その権力も長続きせず、ナポレオンの失脚後、王政復古、7月王政、第2
共和政、第2帝政、第3共和政と、革命と反動という大きな政治変動を繰り返
し、公教育制度もまた、これにともない前進と後退を繰り返しながらも徐々に
発達していくことになる。

　革命政府はその全期間を通じて積極的に教育問題に取り組み、前述したコン
ドルセ案以外にもタレイラン案、ルペルチエ案、ロンム案等、様々な改革案が
検討されたが、不幸にしてその大半が政変のため審議未了のまま廃案とされ、ま
た幸いにして法令として成立を見た場合（1793年のブキエ法、94年のラカナル
法、95年のドヌー法）も、実効的な成果をもたらすには至らなかった。しかし、
改革案に共通する精神と内容（例えば、公教育は国家の事業である、国民共通
の初等教育は義務である、義務教育は無償である）は、続く19世紀の期間中、
常に教育改革の指針として人々を鼓舞し続けたのである。大革命を終結させた
ナポレオンは、教育は国家の事業であるという基本的理念を革命から引き継ぎ、
中央集権的教育行政機関として「帝国大学」（ユニヴェルシテ）を創設し、フラ
ンスの教育行政の特徴である中央集権体制の礎を築いた。しかし現実の教育事
業としては自らの支配体制の確立に貢献できる人材の養成、すなわち中等教育
の整備にのみ力を注ぎ、初等教育の改善のためには何事もなさなかった。

　王政復古期には、1816年の「初等教育令」が市町村に学校設置義務を課した。
これはまだ精神的義務づけの段階にとどまるものであったが、本格的な初等教

育法制の始まりであった。しかし、この時期は当然、フランス人の生活の全面にわたる教会の影響力が復活され、学校教育の管理・監督権も再び教会の手中に収められることになった。7月革命政府は1830年に憲章を発布し、その中で公教育と教育の自由が可及的速やかに法律によって規定されるべきと宣言した。これを受けて成立したのが1833年の「初等教育法（ギゾー法）」である。これは、各市町村に小学校を設置すること、学校の監督・指導のために市町村に委員会を設けることなどを命じた。また教師は各県に設けられる師範学校で養成されること、教師は自治体もしくは国から給与を受けることなども規定された。ギゾー法は義務制も無償制も規定してはおらず、また宗教的色彩も払拭できていなかったが、フランスにおける最初の初等教育総合規定であり、これにより初等教育の発展が大いに進むのである。

　1848年の2月革命は共和主義者たちを政権につかせた。当然彼らの手によって、無償・義務・世俗化の公立学校設立の計画が立てられたが、共和主義者間の連携の欠如と保守派の急速な台頭により、その実現は見なかった。反対に、政治の反動化の中で、教会に強い権限を与えた「ファルー法」の成立を見ることになる（1850年）。初等教育に関してファルー法は、宗派別の公立初等学校を創設し、そこでの宗教教育の強化を命じた。また教師については、教会発布の教員免許状に国家の初等教員免許と同等の効力を与え、聖職者が自動的に公立初等学校の教員になることができるようにした。さらに教育行政については、聖職者の割合が多数を占めるアカデミー評議会に初等教育および教員全般にわたる監督権限が付与された。要するに、教会が教育行政を支配することになり、初等教育全般に及ぶ教会の統制が貫徹されることになったのである。

　ファルー法はナポレオン3世の第2帝政期を通じて初等・中等教育を支配した。しかしながら、帝政の後期には、それまでの権威帝政が自由帝政へと変容を余儀なくさせられることに並行して、公教育の主導権も教会から共和主義勢力へと移行していった。特にヴィクトール・デュリュイ（Victor Duruy, 1811-94）公教育大臣の下で教育改革が大いに進展した。1867年の「初等教育法」はその一環であり、公立小学校の完全無償化のための財政的補助や貧困児童の就学奨励のための学校金庫の創設、女子のための公立初等学校開設義務の強化、公立

初等学校教員の待遇改善など、公教育制度の拡大のための政策が促進された。

　第3共和政の発足とともに民衆教育の拡張を要求する声は増大し、自由主義的共和体制の維持や労働条件の改善などの諸問題と並んで、公教育問題は最重要の政治的課題に据えられた。ミシュレやヴィクトール・ユゴーら知識人によって大革命時の公教育精神を鼓吹された世論は、ジャン・マセ率いる教育連盟によって組織化されていった。すなわち、義務制・無償制・世俗性の公教育を求める要求であった。この世論を受け止め近代公教育制度の確立に大きく貢献したのがジュール・フェリー（Jules Ferry, 1832-93）公教育大臣であった。コンドルセの後継者を自認するフェリーは、民主主義の発展のために科学的合理的知識を普及させる公立の初等学校が是非必要と訴え、1880年代の一連の教育改革に着手した。まず1881年の法律を制定し、公立初等学校の授業料の完全無償化を実現した。続く1882年の法律によって、6歳から13歳までの全ての男女児童の教育を義務づけるとともに初等学校の世俗化を断行した。すなわち、教科としての「道徳・宗教科」を廃止し、替わりに「道徳・公民科」を新設したり、日曜以外の1日を休業日として学校の外で宗教教育が行われるようにするとともに、聖職者が有していた公立初等学校の監督・指導権を取り上げたのである。フェリーが着手した教育改革の完成を見るのは1886年の「初等教育組織法（ゴブレ法）」によってであった。この法令の成立により、全階梯の公教育が世俗化されるとともに公教育は世俗の教師によってのみ行われることとなり、ここに厳格な世俗主義を特徴とするフランス公教育の一応の完成を見たのである。

（4）ドイツ（プロイセン）

　前述のように、プロイセンでは絶対主義王政期に義務教育制度の創設が見られ、早くから教育の国家管理が進んでいた。さらにそれに拍車をかけたのは、ナポレオン戦争の屈辱的な敗北であった。

　1806年イエナでの敗戦を契機に、絶対主義国家から近代的国民国家への脱皮をめざしプロイセンは内政改革を断行し近代化を図った（シュタイン＝ハルデンベルク改革）。この改革では、農民の世襲隷属制の廃止、都市に広範な自治権を与える地方自治制度の改革、ギルドの独占権を廃止し商業の自由の確立等、産

業実業家の要求を満たす民主主義的改革が次々に行われた。これらの改革と並行して、教育改革も進められ、それまでの身分に応じた教育が廃止され、一般的人間陶冶が目指される。これは近代的市民の形成に通じているのである。

このような教育改革の推進のため、1807年に内務省内に公教育局が設けられ（1817年に文部省として独立）、その初代局長にドイツ新人文主義の偉大な思想家として知られたフンボルト（Humbolt, Wilhelm von, 1767-1835）が就任した。フンボルトは国家による民衆統制に批判的であり、教育はある特定のタイプの市民（国民）を形作るのではなく、「人間性の理念」に基づいて人間そのものを作るべきであるとの思想を抱いていた。彼のもとで、地方自治を強化する路線に沿った地方教育行政組織の改革や、ペスタロッチ主義に基づく初等教育制度の発展が図られた。また学問の自由と大学の自治という近代的な大学の理念に基づいたベルリン大学を創設したことも彼の大きな業績であった。

フンボルトの後、フンボルト改革の総決算としての総合的学制改革案という形で表されたのが、フンボルトを援助して教育改革に当たったジュフェルンの起草による「プロイセン学校制度に関する一般法案（ジュフェルン教育法案）」（1819）であった。この学校法案は統一学校体系、近代的教科課程、学校費の公費負担原則、教員養成制度の構想など、近代公教育の基本的原則を網羅する先進的計画であった。公立初等学校については、7～14歳を義務教育期間と定め、人間それ自体としての一般陶冶を目的に、公費によって維持され、公の監督を受け、すべての人に公開される学校として構想された。

ジュフェルン教育法案はウィーン体制の保守反動政治の中で廃案になり、再び教会による学校監督体制が強化された。ところが1848年の3月革命の勃発に伴い民衆からの教育改革要求が高まり、それへの対応として「プロイセン欽定憲法」が制定された。新しい憲法には子どもの教育を受ける権利の保障、国家および地方公共団体の公立民衆学校の設置義務、授業料の無償等画期的な規定が盛り込まれた。しかし、その後の政治反動によってそれらは十分実現されないまま曖昧にされてしまった。

1871年プロイセン王ヴィルヘルム1世がドイツ皇帝となりドイツ帝国が成立すると、宰相ビスマルク（Bismarck, Otto Eduard Leopold, 1815-98）は教育

を帝国の統一と発展の手段としてとらえ、教育権を巡るカトリック教会との戦い、いわゆる「文化闘争」を開始した。その手始めが1872年の「学校監督法」の制定であり、これによって教会、特にカトリック聖職者がそれまで保有してきた学校の監督権を奪い、国家の専管事項とした。また同年には「一般諸規定」も制定され、宗教教授の時間を減らし、替わりに実科（地理、歴史、博物）を導入してカリキュラムを豊富化し、また学習においては子どもの機械的暗記を排し観察力、理解力を強化する方針に転換するなど、民衆学校の教育内容や方法の近代化が進められた。他方、1888年には「民衆学校国庫補助法」を制定し、授業料無償の実質的保障が図られ、近代公教育制度の確立が見られた。しかし、資本主義経済の発展にともない労働者階級の政治意識が高まり政治行動が活発化するにつれ、ビスマルクは労働運動弾圧政策を前面に押し出すようになり、民衆教育に対する反動政策も強められることになる。その現れの一環として、1870年以降宗教教授が再び強化され、それにともない教会による学校教育への支配力が復活することになった。

　絶対主義期以来、ドイツでは公教育の整備に力が入れられてきた。特に義務就学制は他国に先んじて発達した。また無償制も実現するが、純粋な意味での世俗主義は確立しなかった。学校の監督権は教会から国家へと移ったが、学校での宗派的教育は無くなることはなかった。この点がドイツの近代公教育制度の１つの特色となっている。

(5) アメリカ合衆国

　植民地時代のアメリカの教育事情は地域によって大きく異なっていた。イギリス国教会の信仰を奉じる保守的なジェントリー層が植民を指導した南部では、イギリスの教育慣行がほとんどそのまま踏襲された。すなわち、教育を家庭の私事と見なし、貧児や孤児の教育を教会の自主的な慈善に委ねるというレッセ・フェール（自由放任）原則である。南部植民地は広大な地域に人々が拡散居住するという地理的状態も加わり、民衆の教育についても慈善学校のような組織的な教育はほとんど行われず、専ら家庭に委ねられていた。ただ宗教教育に関しては教会での日曜説教を重視し、牧師にはその実施を督励し、父母や雇用主

には子どもをそれに出席させることを義務づける命令が発せられたりした。

　他方、北部ニューイングランド地方、特にその中心であるマサチューセッツ植民地では教会を核とした「聖書共和国」の建設が目指された。そこではエリートの信者たちが信仰の純粋さを守るために、住民たちの日常生活を統制する監視体制が作られていた。したがって、住民の信仰と生活指導する聖俗のエリートである牧師養成の計画が当初から立てられ実行に移されていた。すなわちハーバード・カレッジの建設と、それへの準備学校であるラテン文法学校の各地での設置である。また一般住民に対しては、50戸以上のタウンに小学校を、100戸以上のタウンには文法学校の設置を義務づける1647年の法律などで子どもの教育の強化を図ろうとした。ただしそれは就学を義務づけたものではなく、子どもの教育の責任はあくまで親もしくは雇用主にあるとされていた。しかしこのようなニューイングランド地方の神政国家建設の情熱に基づく教育への熱意は17世紀の中葉がそのピークであった。西インド貿易の活発化にともない大西洋沿岸の各地に商業都市が成立し、大商人たちが社会的、政治的に台頭し影響力を発揮することにより、植民地の性格が急速に変貌し、教育への情熱は徐々に衰え、いつしか忘れられていった。この公教育構想は「神政国家」建設の理念に基づくものであり、単一宗派が支配する単一国教制度下のみで機能しうるものであり、商工業の発達、移民の増加などにより社会の複雑化、流動化が進むと機能しなくなるのは必然であった。

　1776年の『独立宣言』の公布、その後の独立戦争を経て、1783年にアメリカ合衆国が誕生した。『独立宣言』の公布は、人類史上初めて個人の尊厳、人間の平等、人民主権の原理を国家の基本的文書の中で宣言した意義深い出来事であった。このことは革命期間中にアメリカ社会において重大な変容が生じ始めていたことを意味していよう。すなわち、革命の指導権は終始上層階層者たちの中にあったが、革命の遂行には民衆の動員が不可欠であったことから指導者は民衆の結集を訴えざるを得ず、革命に参加した民衆は自らの政治意識を高めることになった。民衆の支持を確かなものとするためには君主政に反対する人民主権の共和政原理を掲げざるを得ず、結果的にアメリカ社会の民主主義的傾向を不動のものとすることになった。このような傾向は教育面においても追求される

ことになった。1791年に合衆国憲法に付加された憲法修正10ヶ条（権利章典）
の第10条によって教育の権限は州または人民に留保されることになったのであ
る。これは教育の地方分権化を可能とする規定であり、ここにアメリカ公教育
制度の特質の礎の1つが築かれたのである。

　ワシントンを始めとして、革命のリーダーたちは一様に教育に深い関心を示し
ていた。独立の共和国として共和政治を発展させるためには、国民教育が不可
欠であったからである。さまざまな国民教育制度案が出されたが、最も有名な
ものはトマス・ジェファーソン（Thomas Jefferson, 1743-1826）が1779年にバー
ジニア州議会に提出した「知識普及法案」である。彼はこの法案で、公営の
3段階の単線型学校体系によって、世俗主義に基づく無償制の公立学校の創設
を提案した。しかし、当時は公教育を制度的に実現するための社会的条件が熟
しておらず、他の多くのプランともどもこの法案も実現を見ることはなかった。
現実の教育は、イギリスと同様、宗教慈善団体等によって営まれ、初等教育の
多くはそれらに委ねられていた。

　独立後のアメリカはほぼ全ての州で白人男子の普通選挙制度が普及していっ
た。大統領選挙においても大統領選挙人を一般国民が選出する制度が定着し、
1828年の大統領選挙において、主として労働者、農民、都市の小企業家たちの
支持を得たアンドリュ・ジャクソンが大統領に当選し、いわゆる「ジャクソニア
ン・デモクラシー」の時代が到来した。この時期は産業革命が進行し、社会が
大きく変化していく時期でもあった。産業化と都市化が進み、貧困や犯罪など
の社会問題が激増する中で、アメリカ人の公教育への関心が再び強まるのもこ
の時期であった。貧民に対する慈善的教育ではなく、無月謝の公立学校におけ
る普通教育を州の責任において実施することは、社会問題の解決に貢献すると
同時に一層の経済的発展を保障することになろうと主張する人々がこの運動を指
導した。教育を通して自らの経済的地位の改善を図ろうとしていた労働者たち
もこの運動を支持した。しかし、宗派的教育を至上とする植民地以来の伝統に
固執する人々や、教育への公権力の介入を嫌う人々も多く存在し、公教育制度
の導入に激しく抵抗した。世論が二分する中、粘り強く無月謝公立学校の必要
性を訴え、アメリカの公教育制度の進展に大きな貢献をした人物にマサチュー

セッツ州教育長のホレース・マン（Horace Mann, 1796-1859）、コネチカット州
教育長のヘンリー・バーナード（Henry Barnard, 1811-1900）がいる。彼らは、
無月謝公立学校はヨーロッパ諸国に多く見られる下層市民や労働者のための庶民
学校とは全く別物であることを強調した。それは全州民のために共通する学校、
すなわち全州民に共通する理想や価値の実現に奉仕する人間形成の機関であり、
民主主義社会はそのような学校を必要とすると訴えた。なぜなら、最も民主的
な統治形態たる共和制の下では主権者は国民1人ひとりであるがゆえに、共和
制の維持と発展のためには国民すべてが自由な市民としての権利を正当に行使
し、国民としての義務を完全に履行するために必要な知識を獲得しなければな
らないからである。そのための最も効果的な手段が無月謝の公立学校を中心と
する公教育制度なのである。

　かくして、1852年マサチューセッツ州が「義務就学法」を最初に制定し、ア
メリカにおける近代的義務教育制度はここに力強く歩み始めることになる。こ
の義務就学法は、8歳から14歳までの子どもを年間少なくとも12週間就学させ
ることを両親に課するものであったが、このような就学義務規定は他の州にも影
響を及ぼし、1870年代には10州以上で、1900年までに32州で、そして1918年
のミシシッピー州を最後としてアメリカ全土で義務教育制度が確立したのであ
る。

　アメリカにおける近代公教育制度の成立時期は州によって異なるが、常にマ
サチューセッツ州が先導的役割を果たし、19世紀後半には多くの州で成立した。
アメリカにおいては、義務・無償・世俗性の公教育は、公立小学校の上部構造
として発達したハイスクールへと拡大し、ヨーロッパとは異なる単線型学校体系
を実現していくことになるのである。

第2節　日本の義務教育と教育行政の成立

1．明治政府の取り組み

（1）国民皆学の理想と試行錯誤

　明治維新により成立した政府は、近代国家建設の方策として「富国強兵」や「殖産興業」にならび「文明開化」というスローガンも掲げ、知識・技術を西欧文明に求め、そのための教育の普及を図ることに当初から力を注いだ。1871（明治4）年に文部省を設置し、翌5年には最初の近代的学校制度の構築を目指した「学制」を公布した。それは序文である『被仰出書』に述べられているように、個人主義、実学主義、功利主義的教育観に基づく学校教育を国民すべてに受けさせようと意図するものであった。「学制」は先進諸国の学校教育制度に範を求め、全国を8つの大学区に、1大学区を32の中学区に、1中学区を210の小学区に分け、それぞれに大学校、中学校、小学校を1校ずつ設置していくという壮大な計画であった。

　学区は学校の設置単位であるとともに地方教育行政組織でもあった。大学区の本部には督学局が置かれ、教育行政官である「督学」は文部省の意図を体して区内の教育行政を担当することになっていた。また各中学区には地方官が任命する「学区取締」が配置され、それぞれの「取締」は分担した小学区内の就学督励や学校の設置・維持などの指揮監督に当たった。

　しかし、学制は理想に走りすぎており現実の社会事情にそぐわないものがあったので、1879（明治12）年に廃止された。それに替わり、当時の文部大輔であった田中不二麻呂と学監の職にあったお雇い外国人モルレーのリーダーシップの下、アメリカに範を求めた「教育令」が制定され、学区制を廃して一般行政の区画となった町村を小学校の設置単位とし、町村民の選挙による「学務委員」を中心に、地方分権的かつ自由主義的な方針に基づいて学校を整備していこうとした。しかし、この方針の変更はかえって混乱を招き、また当時の反政府的な自由民権運動の激化への反動として、政府部内に伝統的な儒教道徳の復活を

求める声が高まり、教育令は早くも翌年に改正され、地方の教育に対する文部卿の権限を強化するとともに、府知事・県令の指示・監督権の拡大が図られ、再び中央集権的で官僚統制的な教育行政方式に切り替えられたのである。1879年の教育令を「自由教育令」、翌年改訂の教育令を「改正教育令」と呼んでいる。

(2) 戦前教育体制の確立

　1885 (明治18) 年の内閣制度の創設（初代総理大臣：伊藤博文）にともない初代の文部大臣に就任した森有礼（ありのり）は、まず地方の教育を直接に掌握し監督するために視学官制度を制定し、ついで翌年には教育令を廃止し、それに替え学校種別ごとの法令を制定した。森のこの政策は、以後の国家および社会の発展動向に柔軟に対応でき、かつ国家の富強に資する教育制度の構築を目指すものであった。すなわち、「帝国大学令」、「小学校令」、「中学校令」、「師範学校令」のいわゆる「諸学校令」の制定であった。諸学校令は、その性格において国家の富強を個人の幸福より優先する国家主義の立場に立ち、このとき定められたこの様な性格の学校システムは戦前の学校制度の基盤を形成することになった。

　1889 (明治22) 年には「大日本帝国憲法」が発布された。これは天皇主権の欽定憲法であり、教育に関する規定は設けられておらず、教育に関する事項は天皇の大権事項の1つに含まれると解釈された。ここに教育についての法制は天皇の勅令によって定めるとする、教育行政における「勅令主義」方式が成立することになった。

　翌年には『教育ニ関スル勅語』（教育勅語）が発布され、全国の学校に下賜された。教育勅語は、建国以来の君臣一体の美徳である「国体ノ精華」を教育の源とすることとし、仁義忠孝に基づく儒教道徳を国家法定の国民道徳として位置づけることにより、学校教育の根本理念を示すものとして、戦前の学校教育に絶大なる影響力を発揮したのである。また同年には小学校令の改正が行われ、勅令主義が改めて確認されるとともに、教育を基本的に「国の事務」とするという原則も採択され、ここに戦前の教育行政を特色づける2つの原則が確立し、その上に国家主義的な教育行政システムが作り上げられていくのである。

　教育法（教育行政）の勅令主義の採用は、一面では教育の政治的中立性を確保するためであったといわれるが、これによって国民の教育要求が教育政策に反映される道は完全に閉ざされた。また教育は国の事務であるとされたことから、一般行政組織を通じて上意下達の命令・監督的な事務遂行が行われるようになり、官僚支配（後には軍部支配）の硬直した画一的な方向へと日本の教育を導いていくことになるのである。

2．戦後の教育改革と教育行政

(1) 戦後教育改革

　1945（昭和20）年8月、日本政府はポツダム宣言を受諾し、敗戦を受け入れた。敗戦にともない、わが国は連合国の占領管理下に置かれた。占領軍の要請により、わが国の教育改革の青写真を描く使命を帯びたアメリカの教育使節団（第1次米国教育使節団）が翌年3月に来日し、教育事情の視察と調査を行った。そして、日本政府によって組織された日本側教育家委員会と意見交換した上で、教育改革のための勧告を含んだ報告書（米国教育使節団報告書）を提出した。報告書は自由主義、デモクラシー、科学的精神、ヒューマニズムを基調とするものであり、全体として戦前の教育の問題点を指摘しつつ、これに替わるべき民主的な教育の理念、方法、制度などを提言した。教育行政の改革については、戦前の官僚支配による中央集権的教育行政を鋭く批判し、新しく教育行政の民主化、地方分権、独立性の原理を示し、公選の教育委員会の設置、文部省の権限を縮小してサービス機関とするなど改革の具体策を提示した。

　報告書の勧告を生かしつつわが国の教育改革を自主的に検討する機関として、1946（昭和21）年8月に先の日本側教育家委員会を基に「教育刷新委員会」が内閣に設置された。この委員会は1951（昭和26）年にその任務を終えるまでの間、戦後日本の教育改革に関する基本法令や制度のほぼすべての審議や実施に関わり、教育改革の推進に極めて大きな影響を及ぼしたのである。活動を開始した年の12月には第一回の建議を行い、次のような教育行政改革の基本方針を示した。①従来の官僚的画一主義と形式主義の是正、②教育における公正な民意の

尊重、③教育の自主性の確保と教育行政の地方分権。そして、以上の方針のもとに、教育行政は一般地方行政より独立しかつ国民の自治による組織をもって行うことを原則に、市町村と都道府県に教育委員会を設けることを建議した。

　また、1946年には、11月3日に「日本国憲法」が公布され、翌47年5月3日に施行された。新憲法策定の過程で教育条項の審議も行われ、戦前期の国家主義・軍国主義教育の精神的基盤となった教育勅語の存廃が討議された。また、教育の根本となる法は命令ではなく法律によって定められるべきことも確認され、さらに政治的にも宗教的にも教育の独立性が保障されることも確認された。それに先立つ3月（1947年）には「教育基本法」と「学校教育法」が公布され、同年4月より6・3制の新学制が発足した。小学校と中学校の9年間が義務教育年限と定められ、さらに戦前の中学校、高等女学校、実業学校という差別的な中等教育機関が新制中学校に一元化された。国民主権をうたう新憲法の制定により、義務としての教育から権利としての教育へと原理の転換が遂げられた。それにともない勅令主義は廃止され、替わって教育行政における「法律主義」が確立した。このように、憲法と教育基本法に示される教育の理念の下で、教育の機会均等、9か年の義務教育、男女共学、6・3・3・4制の単線型学校体系等、抜本的改革が進められたのである。

　教育行政制度についても大きな改造が断行された。まず地方教育行政機構の改革については、1948（昭和23）年の「教育委員会法」の制定にともない、新たに教育委員会制度が発足した。同法によれば、教育委員会は、公正な民意の尊重、教育行政の地方分権、教育行政の自主性確保を基本理念とし、具体的には、地方住民の公選による教育委員によって構成され、地方の一般行政における知事や市町村長から独立した合議制の行政機関としての性格を有するものであった。教育委員会制度の創設は、戦前に教育は国の事務とされ、地方住民の教育要求が反映されることなく、中央集権的に一般行政（内務行政）の従属下に置かれ、教育の自主性・自律性が著しく損なわれたことに対する反省に立ったものであり、教育の民主化を実質的に支えるものとしての「教育行政の地方自治」および「教育行政の一般行政からの独立」という2つの原理を具体化したものであった。

　次いで中央教育行政機構の改革については、教育委員会の成立にともない大幅に権限が縮小された文部省は更に翌1949（昭和24）年の「文部省設置法」の制定により、文部省はそれまでの中央集権的監督行政の性格から脱皮し、教育・学術・文化の助成を図る指導・助言のサービス機関として、新たに発足させられることになった。

　これら諸法を貫く戦後教育改革の基本的方向は次のように整理することができる。①複線型学校制度から単線型学校制度へ、②義務教育年限の6年から9年への延長、③教育の機会均等の実現、④中央集権の教育行政から地方自治の尊重へ（公選制教育委員会の設置）、⑤学問と教育の分離から教育における学問の自由の尊重へ、⑥教育に対する不当な支配を禁止し教育の自主性の尊重。

（2）教育制度の再編

　中華人民共和国の成立や朝鮮戦争の勃発などの東西冷戦の深刻化にともない、アメリカのわが国に対する占領政策に変化が起こり、わが国をできるだけ早く独立国として国際社会に復帰させるべく、1951（昭和26）年に対日講和条約と日米安全保障条約が締結され、占領状態は終結に向かった。

　緊張が高まる国際情勢とアメリカの対日政策の転換にともない、それまで進められてきた民主化改革は転換を余儀なくされることになる。教育政策的には、与党（自民党の前身）による修身教科書の復活や愛国心高揚の主張、学生運動における政治的活動の制限、日本教職員組合（日教組）の平和教育運動や民主化教育運動に対する偏向教育であるとの批判や行政処分の繰り返し等、戦後教育改革に対する反改革の動きが強まっていった。

　とりわけ文部行政の反改革路線の強力な後ろ盾となったのは「政令改正諮問委員会」の『教育制度の改革に関する答申』（1951年11月）であった。内閣総理大臣の私的諮問機関として設置された政令改正諮問委員会は、占領下の戦後教育改革の再点検を行い、教育制度のあり方については国力と国情にあった合理的な教育制度に改善すべきとの立場から戦後教育改革の再点検を行い、教育行政制度の見直しにおいては、教育に関し文部大臣が責任を負うことのできる体制を確立すべきとの提言を行った。この答申を受けて翌年に早くも文部省設

置法が改正され、学習指導要領の作成権を文部大臣単独の権限とするなど文部省の任務や権限の拡大が行われた。さらに1953（昭和28）年には教科書検定権に関しても、それまで認められてきた都道府県教育委員会の権限を削除し、文部大臣単独の権限に切り替えられたのである。

また1954年には、教職員の組合活動の制限をねらいとして、教員の服務に関する立法いわゆる「教育二法」が日本教職員組合（日教組）や野党政党の強い反対を押し切り、強行採決によって制定されたのである。これは、教員の政治活動の制限を強化するための「教育公務員特例法の一部改正」と、いま1つは「義務教育諸学校における教育の政治的中立の確保に関する臨時措置法」の2つの法律を総称したものである。

一方、地方教育行政機構についても、1956（昭和31）年には「教育委員会法」が廃止され、新たに「地方教育行政の組織及び運営に関する法律」（以下、地教行法と略す）が制定された。これは、教育委員の公選制を廃止して地方公共団体の長による任命制へ切り替えるなど、教育委員会の権限を弱めるとともに、文部大臣、都道府県教育委員会、市町村教育委員会の間に、その円滑な関係を図るという名目の下に、明らかな上下関係をもたらす立法であった。法律の切り替えにともない、新たな教育委員会制度が従前と比較して大きく異なった点は、①教育委員の選出方法が公選制から任命制に切り替わったこと、②都道府県の教育長の任命は文部大臣の承認を必要とし、市町村の教育長の任命は都道府県の教育委員会の承認を必要とするようになったこと、③教育予算に関する教育委員会の原案送付権等が廃止されたこと、などであった。

こうした再編体制の下で、1958（昭和33）年の学習指導要領の告示化（＝法的拘束力の付与）、教職員に対する勤務評定の強行実施、1961年の全国一斉学力テストの実施など、強権的な行政施策が強力に展開された。これら一連の施策に対し、教職員組合や教育学関連学会からは、地域住民の教育行政への参加の道を閉ざすことになり、教育委員会の主体性を阻害し、教育行政の一般行政への従属化を招くこととなり、つまるところ教育の地方分権主義が大きく後退させられることになる等の、手厳しい批判が投げかけられたのである。他方で、1960年代の高度経済成長は、国民の教育への期待や要求をかき立て、高等学校

や大学への進学率をめざましく向上させたのである。ここに進学実績の向上を第一価値とした全国画一の管理主義的な受験教育体制が、全国の学校教育を覆い尽くしていくことになった。

(3) 新たな地方教育行政改革

　かくて再び作り出された文部省－都道府県教育委員会－市町村教育委員会－公立学校という上下関係のもとでの上意下達の画一的な行政が生み出した学校教育は、確かに戦後の経済発展や豊かな社会の創成に大いに貢献したことは事実である。しかし、それは他面で、急激な社会変化に学校教育を即応できなくさせる元凶ともなり、そこからさまざまな教育病理現象を引き起こす素因ともなってきたのである。さらに、1980年代には東西冷戦が終結に向かい、それにともない国内においてもいわゆる55年体制が崩壊したこと、また巨額の財政赤字問題の解決のために行政改革を断行しなければならない必要性等が加わり、1990年前後からこの様な硬直した教育行政に風穴を開けること、すなわち教育行政における地方分権、規制緩和、情報公開、市民参加等の方向への改革が必要であるとの共通認識が形成され始めた。

　この流れが一挙に加速したのは90年代後半であった。1997（平成9）年に発表された「地方分権推進委員会」の勧告は教育行政事務の再編についても触れており、その帰結として1999年には地方分権一括法の一部として地教行法や学校教育法など数多くの教育関係法規の改正が行われた。その結果、教育委員会は大きく改変されることになった。

　改変の趣旨は、国—都道府県—市町村の関係を従来の上下・主従の関係から新しい対等・協力の関係へと組みかえることにおかれた。具体的な改変点としては、①教育長の任命承認制の廃止、②機関委任事務の廃止、③文部大臣ならびに都道府県教育委員会の措置要求規定の削除、などがあげられる。これらこれまでの上下関係の主要因となっていた権限が廃止もしくは削除されたことの意義は大きいと言えるであろう。

第2章
教育行政と法規

第1節　教育行政の意義および内容

1．教育行政の意義と特徴

　教育行政という語の定義に関して最も単純には、教育行政とは教育に関する行政であるということができる。教育という人間的行為はその発生が家族における養育・しつけ行為にあり、本来私的・個人的色彩の強い行為である。一方、行政とは立法、司法とならぶ国家作用の一部であることはいうまでもない。このようにかたや私的、かたや公的という、性格を異にする2つの行為・作用が結合し、教育行政という概念が生まれたのは、第1章で詳述したように、近代国家が教育に関与するようになったからである。そのことは、私的・個人的教育から学校に代表される集団教育の形態がより一般的な教育形態となり、そのことがさらに学校教育の社会性と公共性を高めていくという背景の中で、国家が主体的に学校教育制度（公教育制度）を創設するにおよび、そこに新しい国家の行政作用が誕生し、その作用を教育行政と呼ぶことになったのである。その意味で、教育行政とは、国家による制度として公教育を整え、保守する公的作用のことである、と定義することができよう。

　上述したように、公教育の成立過程およびその体制は国によって異なってお
り、したがってその創設に関わる教育行政が国家行政の一部門として形成され
る過程も国によって異なっており、その結果、教育行政の実態や性格について
も国による違いが顕著に表れている。

　しかしながら、そのような差異にも関わらず、いずれの国においても教育行政
が国家行政の一部門として相対的に独立に扱われていることは、共通して認め
られる特質である。その理由は、単に教育行政事務の増大という点だけにある
のではなく、教育という行為の特殊性からも求められるのである。教育は自発
性を持った個性的存在である人間を対象とする、教える者と学ぶ者の間の精神
的作用である。それゆえ、教育作用は自主性、創造性を本質とするのである。

　教育行政がかかる教育の本質を尊重する限り、教育行政はできるだけ権力に
よる統制を避け、指導・助言・助成を中心とするものたらざるをえないであろ
う。このように、教育行政は国家行政である限りにおいて公権力作用であるが、
権力的な規制・統制作用が極めて少ないことを特質とする行政であるといえよ
う。

2．教育行政の性質

　次に教育行政の性質を検討してみよう。まず、教育行政の主体は、国家およ
び地方公共団体にあることは論をまたないであろう。これに対する教育行政の客
体は、一般的には、国の場合なら国民、地方公共団体の場合には住民をさす。
ただし、法律上は、国民（住民）には自然人たる私人と法律上の人格である法
人とが含まれており、しかも、法人は公法人たる都道府県、市町村と私法人た
る学校法人等に分類されているので、地方公共団体は、各々の住民や学校法人
に対しては教育行政の主体であると同時に、国の教育行政の客体である、とい
う関係を構成している。

　教育行政が対象とする教育活動は、これまで見てきたように、決してすべて
の教育にわたるものではなく、その価値が社会的、公共的に承認されている教
育に限定されている。それでは、教育行政は、いかなる目的を持ってこれら社会

的、公共的教育に関わるのであろうか。形式的には、教育目的達成のための条件整備にあると考えられるが、より実質的には、ここで言う教育目的達成とは何かが問われなければならないであろう。今日、公教育が目指す目的は、日本国憲法第26条の規定により、国民すべてに等しく教育を受ける権利を保障することにあると考えられる。したがって、ここに教育行政が目指す実質的な目的が存するといえよう。

この目的達成のため、教育行政は、一般に規制作用、助成作用、実施作用の形態をとって教育に関与するといわれている。教育は、本来人格的交流に基づくものであり、権力的統制になじまないものである性格上、教育行政作用の基本は権力性の弱い助長的・保育的性格にあるとされてきた。しかし、教育行政はあくまでも公権力作用の一環であることは否めず、時には教育行政は規制作用の行使という、権力的現象として現れる場合もあることを、見逃してはならないであろう。

3. 教育行政の内容

一般に、教育事象は、その行われる場に対応して、学校教育、社会教育、家庭教育の3つに分けられる。このうち教育行政の対象となるのは、学校教育と社会教育である。とりわけ、学校教育は最も組織的・計画的に教育を行う場であるので、教育行政の主たる対象領域になっている。学校教育における教育行政の主たる内容として、公教育の実施、私立学校への助成、教育職員の人事の3点を挙げることができる。

① 公教育の実施

国および地方公共団体が行う教育として、第1に公立学校における公教育の実施がある。公教育を実施するためには、学校管理が必要であるが、学校管理とは、学校の設置者がその施設を維持し、その目的を達成するための行為である。学校管理には、外部から学校に対して行われる外的管理と学校内部における内的管理とがあり、管理に当たるものは必ずしも同一ではない。一般に、外

的管理のことを学校行政、内的管理のことを学校経営と呼んでいる。

②　私立学校の助成

　私立学校は、その起源からして、公教育を実施することを目的とする施設ではなかったが、今日では法律に定める学校の範疇に組み込まれ、法律に定める学校は「公の性質」を有すると規定されたことから、公教育に含まれる教育であると見なされている。ただし、私立学校に対する教育行政はその自主性を重んじ、助言または助成をその主な内容とするものであり、規制行為はその公共性を保持するための最小限度の措置に限られるべきとされている。

③　教育職員の人事行政

　教職員および教育行政職員の人事に関する行政も、教育行政の内容の１つである。国公立機関におけるこれらの人事は、一般に国家公務員法および地方公務員法という身分上の枠組みの下で行われるが、教員についてはさらに教育公務員という特殊な性格を備えている。

第2節　教育行政法の意義と構造

1．教育行政法とその一般原則

（1）教育行政と教育法規

①　教育行政法とは

　教育行政は、前節で述べたように、国や地方公共団体の公権力機関が教育政策を実現する作用であり、現代国家においては教育政策は法令の形式で策定されるため、教育行政と教育に関する法とは不可分の関係にある。それゆえ教育行政は教育に関する法なくしてはその存在はありえないのであり、教育行政によって具体化されるそれらの法を教育行政法という。

②　成文法と不文法

　教育行政法はその形式的側面で、「成文法」と「不文法」に大別される。成文法とは文書の形式をとって定められた法のことであり、国や地方公共団体が制定する法律、命令、条例、規則等のことをいう。通常この成文法のことを法規といい、教育に関する成文法を教育法規と呼ぶ。それに対して、文書などでは表されていない法のことを不文法と呼ぶ。

　わが国では成文法主義を原則としているので、教育行政においては教育法規の役割が決定的に重要である。しかし、行政の対象は複雑多岐にわたり、そのすべてを成文法によって規制することは困難であるし、教育は本来自律的に行われるべきものである性格上、成文法によって規制するよりは当事者の慣習や教育の条理による規律に委ねたほうがより適切な領域が存在するであろう。このような、成文法ではカバーできない領域、あるいはカバーすべきでない領域を律する法規範として、不文法の教育法的意義が指摘されているのである。

③　不文法の種類

　通常、不文法には、判例法、慣習法、条理があるといわれる。

＜判例法＞判例の積み重ねによって成立する法のことである。判例とは、類似の事案・論点に対して同趣旨の判決が反復されることが例になっているもののことをいう。近年、教育裁判が多く見られるが、そこでは単なる関係法規の条文の文理解釈にとどまるのではなく、教育の性質・論理に即した条理解釈が展開される必要があると思われる。

＜慣習法＞ある慣行がその社会分野の人々の法規範意識に支えられることによって成立する法のことである。例えば、大学の自治や各学校の内部規程などには、慣習法の存在が認められる。

＜条理＞条理とは、事柄の性質に即してかくあるべきであると判断・解釈される法論理のことであり、教育の性質に即した条理を教育条理という。条理を法の存在形式として認めるかどうかについては、必ずしも意見の一致が見られているわけではないが、本来自律的な過程である教育の分野においては、尊重されるべき考え方であると思われる。

(2) 法規適用上の一般原則

　法規は人々の意思や行動を一定の方向に強制的に拘束するものであるので、全体として整った統一的体系を保っていなければならない。そのために、法の解釈、適用に当たって次のような一般的原則が採用されている。

①　上位法優先の原則

　各法規に段階的形式（格式）を与え、格式の上位の法の規定が下位の法の規定に優先するとする原理である。つまり、上位法の規定に反する下位法の規定は無効と見なされるのである。この原理に基づいて、法規は段階的に構造化され、統一的な体系を構成している。

②　後法優先の原則

　形式的効力が等しい複数の法規の間で互いに矛盾する規定が並存する場合、後に制定された法の規定が優先するとする原理である。新しい法（後法）ほど社会状況により適合していると考えられるからである。

③　特別法優先の原則

　特定の事項について特別に定めた法規の規定は、一般法の同一規定に優先して適用されるとする原理である。例えば、教育公務員の任用については、特別法である「教育公務員特例法」が、一般法である「国家公務員法」や「地方公務員法」に優先するというようなことである。

2．教育法規（成文法）の体系

　今日のわが国の教育法規は、国の法規と地方の法規の2つの体系からなる。

(1) 国の法規

　前述した法規の段階的構造の原理に基づき、格式の高い順に整理すれば、以下のようになる。

＜憲法＞　国の最高法規であり、わが国の教育のあり方も憲法の精神に則って考えられなければならない。現行憲法は、第26条において国民の教育を受ける権利と義務教育について規定している。

＜法律＞　憲法の定める手続きにしたがって、国会によって定められる法の形式のことをいう。前述したごとく、今日教育行政における法律主義がとられていることから、重要な教育法規は法律の形をとっている。なお、教育基本法も一個の法律であるが、その性格をめぐって、他の教育諸法律と同等であるとする立場と、その成立事情、立法趣旨、内容からして他の諸法律に優越する性格を有するとする立場がある。

　教育に関わる主要な法律を領域ごとに示すと、次のようになる。

① 教育の基本…教育基本法
② 学校教育……学校教育法、公立義務教育学校の学級編制及び教職員定数の標準に関する法律、私立学校法、教科書の発行に関する臨時措置法、学校給食法、学校保健安全法など
③ 社会教育……社会教育法、生涯学習の振興のための施策の推進体制等の整備に関する法律、図書館法、博物館法など
④ 教育行財政…文部科学省設置法、地方教育行政の組織及び運営に関する法律、義務教育費国庫負担法、市町村立学校職員給与負担法など
⑤ 教育職員……教育公務員特例法、教育職員免許法、地方公務員法など
⑥ 学術・文化…日本学術会議法、文化財保護法、著作権法など

＜条約＞　文書による国家間、国家と国際機関との合意のこと。国会で批准公布されることにより国内では法律と同様の効力を持つ。教育に関する条約としては『児童権利宣言(1959)』、『教員の地位に関する勧告(1966)』、『児童の権利に関する条約(1994)』などがある。

＜命令＞　内閣によって制定される「政令」と各大臣が主任の行政事務について発する「省令」がある。戦前の勅令主義下の命令とは異なり、政令は憲法および法律の規定を実施するために制定され、省令は法律もしくは政令を施行するために発せられる。また、両者ともに法律の特別の委任がなければ、罰

則を設けたり義務を課したりすることはできない。具体的には、政令は「○○施行令」、省令は「○○（施行）規則」の名称をとる場合が多い。

＜規則＞　国会以外の機関が制定する成文法のこと。具体的な例として人事院規則がある。これは国立の諸学校に勤務する教職員に適用される。

＜告示＞　各大臣等が所掌事務に関する行政処分を公示する（官報に掲載）形式のこと。告示それ自身は法規ではないが、法規の内容を補充するタイプの告示は、実質上法令と同じような効力を持つとされており、学習指導要領や教科用図書検定基準などがこれに該当する。

＜訓令・通達＞　上級の行政機関が所管機関・職員に対して、職務運用上の基本的な事柄について発する命令が「訓令」であり、これについての細目的事項や法令の解釈等を示達する行為を「通達」という。訓令や通達は、いずれも相手方である庁や職員に対しては拘束力を持つが、直接に国民を拘束するものではないので法規ではない。

(2) 地方公共団体の定める法規

現憲法の下では地方自治の原則がとられており、地方公共団体は、自治権に基づいて自主法を制定することができる。それには、「条例」と「規則」の2種類あるが、いずれも国の法令に違反しない範囲内で制定されなければならない。

＜条例＞　憲法第94条（地方公共団体の条例制定権）の規定に基づき、地方公

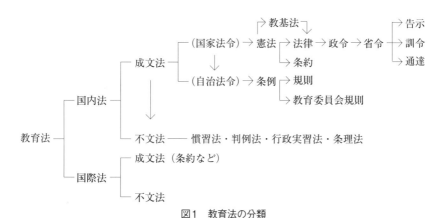

図1　教育法の分類

共団体が議会の議決によって定める法の形式。教育に関しては、公立学校の授業料や教職員の給与に関するものなどがこれに含まれる。

＜規則＞　地方公共団体の長がその権限に属する事務に関して制定する法規を「規則」とよび、法律に定められた委員会が定める規則を特に「○○委員会規則」という。したがって、教育委員会が定める規則のことを教育委員会規則といい、その内容としては、学校管理規則や高校の通学区に関する規則などがある。

第3章
憲法と教育基本法

第1節　日本国憲法の教育条項

1．憲法の原理と教育的意義

　戦後わが国の政治体制の基本的なあり方を示す日本国憲法（以下、憲法と略す）は、「国民主権」、「基本的人権の尊重」、「平和主義」を3大基本原理として、1946（昭和21）年11月3日に制定公布、翌年5月3日に施行された。この憲法は、国際的にも前例のない「戦争放棄」（第9条）を規定すると同時に、基本的人権の一環として国民すべてに保障すべき「学問の自由」と「教育を受ける権利」が初めて明記されたことは画期的なことであった。

　国民主権は国の政治は国民が決定するという原理であり、当然民主的な政治制度と政治過程が要求される。また基本的人権の尊重は、1人ひとりの個人をかけがえのないものとする「個人の尊厳」を基礎にしており、民主政治の究極の目的でもある。個人の自由や尊厳を尊重し、市民の福祉を推進する政治こそが憲法にかなった政治である。このように憲法が目指すのは民主的な政治制度の下での民主的社会であるので、当然これに見合った新しい教育のあり方が求められるのである。

　憲法がわが国の法制史上に有する意義は多数指摘できるが、その最大のもの

は、国民の権利としての教育を保障したことである。教育は臣民の国家（天皇）に対する義務であるとするそれまでの考え方を根本的に改め、すべての国民がひとしく受けるべき基本的権利であるとする考え方へと大転換を行ったのである。これにより、義務教育の意味も、語は同じであっても戦前と戦後では全く異なる認識になる。この「国民の権利としての教育」の理念を土台として、教育の機会均等、教育における法の下の平等、学校体系の一元化、男女共学制など、すべての国民の学習する権利を保障すべき制度が構築されていくのである。こうして、教育をめぐる国家と国民の関係原理が、戦前の法制とは全く異なることになった。

　憲法の諸規定の中で、教育の語が直接使われているのは第20条（国の宗教教育の禁止）、第26条（教育を受ける権利）、第44条（議員・選挙人資格における教育による差別禁止）、第89条（公の支配に属さない教育事業への公金支出の禁止）の4条項である。教育の語は使用されてはいないが、教育や教育制度のあり方に関連する条項として、第14条（法の下の平等）、第19条（思想・良心の自由）、第23条（学問の自由）、第92条（地方自治の本旨）などがある。

2．主要な教育条項

(1) 第26条（教育を受ける権利）

　すべて国民は、法律の定めるところにより、その能力に応じて、ひとしく教育を受ける権利を有する。
2　すべて国民は、法律の定めるところにより、その保護する子女に普通教育を受けさせる義務を負ふ。義務教育は、これを無償とする。

　本条項は憲法に含まれている教育条項の中の最も重要な規定である。第1項は、すべての国民が、個人の能力（精神的・肉体的能力のことであって、経済的能力は含まない）に応じて教育を受ける機会を平等に保障されることを宣言している。「能力に応じて、ひとしく」の文言について、文部科学省は、能力以外の理由によって教育上差別してはならないが、能力の差異に応じて教育上異

なった取り扱いをすることはやむをえないとする考え方をとる（形式的平等主義）。この考え方は近代国家において確立された「教育の機会均等」の理念に基づくものであり、個人の教育機会をそれまでの身分による差別や経済的地位による不平等から解放するという意味で、歴史的に大きな意義を果たしてきた。

　しかし現代では、さらに進んで、すべての個人がその能力の個人的な差異・特性に応じて、できる限り実質的に平等な教育を受けられるようにすることがこの条項の趣旨であるとする考え方が主張されている（実質的平等主義）。そのためには、単なる教育機会の均等化にとどまらず、個人の教育達成度の実質的均等化の実現に向かって、補償教育や治療教育、その他多様な取り組みが行われるべきとする。

　第2項は、義務教育は普通教育を内容とするものであることと、義務教育とは子女に教育を受けさせる保護者の義務であること、ならびに義務教育の無償の原則について規定している。普通教育とは専門教育や職業教育と対立する概念であり、人間として社会人としてすべての国民に共通する教育のことである。なお、「子女に普通教育を受けさせる義務」は、勤労の義務（第27条）および納税の義務（第30条）とならび、憲法に規定されている国民の3大義務の1つである。

　義務教育の期間や就学年齢に関しては、学校教育法の第16条と17条に具体的に規定されている。また、無償の範囲についても、教育基本法第5条および学校教育法第6条によって、国・公立学校における義務教育部分について授業料を徴収しないということとされている。

(2) 第23条（学問の自由）

> 学問の自由は、これを保障する。

　学問の自由には、「学問研究の自由」と「研究成果の発表の自由」が含まれている。「学問の自由は、これを保障する」と宣言することにより、この両面について広く国民に対して保障していることになるのである。とりわけ大学において

は、これら2つの自由に加え、「研究成果の教授の自由」も保障されており、このような大学における「学問の自由（academic freedom）」を保障する枠組みとして「大学自治」の概念が歴史的に形成され、かつ公認されている。しかし、大学以外の普通教育の学校においては、教育の本質的要請に照らし、「一定の範囲内における教授の自由が保障されるべきことを肯定できないではない」が、「完全な教授の自由を認めることは、とうてい許されない」とされている（「学力調査旭川事件」最高裁判決、1976（昭和51）年）。

(3) 第19条（思想、良心の自由）と第20条（信教の自由）

> 第19条　思想及び良心の自由は、これを侵してはならない。
> 第20条　信教の自由は、何人に対してもこれを保障する。いかなる宗教団体も、国から特権を受け、又は政治上の権力を行使してはならない。
> 3　国及びその機関は、宗教教育その他いかなる宗教的活動もしてはならない。

　教育活動は本質的に精神活動であることから、精神の自由についての条項は教育に深い関係がある。第19条は精神的自由権の総則的規定であり、第20条はその中でも最も重要な「信教の自由」（信仰・宗教の自由）を保障し、「政教分離の原則」を規定するものである。

　信教の自由を保障するということは、国家は国民の宗教的行為において公共の福祉に反するものでない限り、いかなる干渉、強制、不利益な取り扱い等も行わないということである。このことをより実質的にするために、政教分離の原則、すなわち国家の宗教的中立性の原則も同時に規定されているのである。

　この第20条の政教分離原則を財政面から明確にしたものとして、第89条の規定「公の財産は、宗教上の組織……の便益のため、又は公の支配に属しない……教育……に対し、これを支出し、又はその利用に供してはならない」がある。なお、この条項が制定された当初においては、「公の支配に属しない教育」事業として私立学校が考えられていたが、私立学校法の制定（1949）により学校法人の設立する学校も公の支配に属するものと解釈されるようになったので、私立学校に対する公費助成は憲法に違反しないものと解されている。

(4) 第14条（法の下の平等）

> すべて国民は、法の下に平等であつて、人種、信条、性別、社会的身分又は門地により、政治的、経済的又は社会的関係において、差別されない。

本条項の前段では「すべての国民は、法の下に平等であつて」と、法の下での平等原則を明らかにするとともに、後段では、人種、信条、性別、社会的身分、門地などによる国民の政治的、経済的、社会的関係における差別を禁じている。教育は社会的関係の中に含まれると解されるので、国民は何人といえども人種、信条、性別、社会的身分、門地によって教育上差別されないことを意味している。

第2節　教育基本法

1．教育基本法（旧法）の制定とその意義

教育基本法（旧法）（以下、旧教基法と略す）は、国民主権、平和主義、基本的人権の尊重を原理とする日本国憲法の精神に則り、戦後のわが国の教育の基本原則を明示する目的で制定された。旧教基法は敗戦にともない実質的な効力を失うに至った教育勅語に替わるものとして作成されたが、それは法律主義の原則に基づいて、国会で法律として制定されたところに画期的な意義があった（昭和22年3月31日公布）。旧教基法は憲法とその他の教育諸法規との間の橋渡し的な性格を与えられ、その他の教育諸法規は旧教基法に明示されている理念・原則の具体的展開として位置づけられることになった。このような性格からして、旧教基法は教育憲法または教育憲章ともいうべき性格を備えているといわれていた。

2．教育基本法の改正論議

　ところが、旧教基法に対する批判は成立当初から存在し、その改正を求める政治運動が何度も繰り返されてきた。一番古い改正論は、いわゆる教育基本法「押しつけ論」で、現行法はわが国が主権を制限されていた占領下に立法されたものであるため日本国民の自由な意思の表明が盛り込まれていない欠陥品であるので、日本人の立場から自主的に見直すべきであるとする。

　近年の一連の教育荒廃現象が社会の大きな関心事となってきた事態を受けて登場してきた改正論は「規範欠落論」とも呼ぶべき論で、旧教基法の基本理念に着目した論である。すなわち、旧教基法は戦前の国家主義教育に対する反省から出発したため、いきおい個人の権利としての教育という点を強調しすぎた。このことが、社会の豊かさの進展とも相伴い、日本人の間に「過剰な個人主義」や「公共心の欠如」を招くもととなった。したがってこの際、「公共の精神」、「規範意識」、「伝統や文化の尊重」、「郷土や国を愛する心」などといった徳目や規範を盛り込む形で改正すべきであると論じる。

　そして最も新しい改正論が「時代対応論」で、時代の進展や社会の変化にともなって生じてきた新しい教育課題に対応できるよう内容を改正する必要があると主張する立場で、今回の改正を実現させた原動力になった論である。旧教基法制定から60年経ち、科学技術の進歩、情報化・国際化の進展等、日本社会は未曾有の変化を遂げてきた。他方、日本人の規範意識や道徳心は低下し、学校現場は数々の病理現象に悩まされている。青少年が夢を持って明るくたくましく育っていける教育環境を再構築するために、新しい時代にふさわしい教育基本法の制定が必要であると主張する。

　以上の論に基づく教育基本法改正論議は、その制定直後からたびたび提起されてきたが、今回の改正論議は「教育改革国民会議」が2000（平成12）年12月に公表した最終報告書『教育を変える17の提案』に端を発するものであった。この提案を受けた「中央教育審議会」の答申『新しい時代にふさわしい教育基本法と教育振興基本計画の在り方について』（2003年3月）を基に、政府は2006

年4月に第164回通常国会に「教育基本法案」を提出し、同年9月からの第165回臨時国会で可決・成立の運びとなり、同12月22日をもって公布・施行された。

　教育改革国民会議の報告から教育基本法の改正までほぼ7年の時間がかかったことになる。この間、日本教職員組合は言うまでもなく、日本弁護士連合会や各種市民団体、そして教育学関連諸のほぼ全ての学会が改正に反対する意思を共有し反対意見を表明した。反対の論拠は、この改正案は旧教基法において明確にされた教育の権利を保障する理念を弱め、国家的統制を実現させる政策が各条文に巧妙に仕組まれているという点にあった。

3．教育基本法（新法）の条文と解説

　改正された教育基本法（以下、教基法と略す）は旧法と比較した場合、大きく2点の特徴を有している。第1の特徴は、条文の数が増え、規定がより詳細になったという点である。旧法は前文と11の条で構成されており、内容的にも大綱的・抽象的規定であった。それに対して改正教基法は、生涯学習（3条）や家庭教育（10条）等新たに8つの条項が加えられ、前文と18の条項からなり、かつ内容的にも具体的かつ詳細に記述されている。

　第2の特徴は、道徳や規範の側面における規制が強化された点である。日本国憲法をベースとする諸価値への言及が削減された一方、「公共」という文言が新たに何か所かに挿入された。特に激しい論争を引き起こしたのは教育目標の一つに据えられた愛国心条項（2条）をめぐる解釈であった。この改正が、今後学校現場において過剰な徳育面の強化反応を惹起するのではないかと懸念されている。以下、改正教基法の全条項を概観していこう。

A．前文

　我々日本国民は、たゆまぬ努力によって築いてきた民主的で文化的な国家を更に発展させるとともに、世界の平和と人類の福祉の向上に貢献することを願うものである。
　我々は、この理想を実現するため、個人の尊厳を重んじ、真理と正義を希求し、公共の精神を尊び、豊かな人間性と創造性を備えた人間の育成を期するとともに、伝統

> を継承し、新しい文化の創造を目指す教育を推進する。
>   ここに、我々は、日本国憲法の精神にのっとり、我が国の未来を切り拓く教育の基本を確立し、その振興を図るため、この法律を制定する。

「民主的で文化的な国家」、「世界の平和と人類の福祉の向上」、「個人の尊厳を重んじ」等、旧教基法の文言をそのまま踏襲し、かつ「日本国憲法の精神にのっとり……教育の基本を確立」するために本法を制定すると明言していることから、改正教基法は、日本国憲法との一体性を謳っていた旧教基法の趣旨ないし理念を基本的に継承している法律であるといえよう（第18条の解説文も参照のこと）。しかし、第２項に新たに「公共の精神」の尊重や「伝統」の継承という価値を挿入したことについては法案の審議の段階から多くの批判が投げかけられていた。これらの諸価値が独り歩きを始めれば、戦前の全体主義的あるいは復古主義的教育に逆戻りするのではないかとの懸念があったからである。「民主的で文化的な国家」から逸脱しそうな動きには細心の注意を払い続けるべきであろう。

B．第１条（教育の目的）

> 　教育は、人格の完成を目指し、平和で民主的な国家及び社会の形成者として必要な資質を備えた心身ともに健康な国民の育成を期して行われなければならない。

教基法も旧教基法も同様に「人格の完成」を教育の究極的な目的とし、「平和的で民主的な国家及び社会の形成者」の育成を第２の目的に掲げている。しかし、旧教基法の「真理と正義を愛し、個人の価値をたつとび、勤労と責任を重んじ、自主的精神に充ちた」との文章が削除され、かわりに「必要な資質」というシンプルな表現に置き換えられたことについて強く批判する声がある。特に個人の価値を尊ぶことが削除された点について、それは旧法の個人主義に重きを置いた教育観からの明らかな後退であり、国家が必要とする人材養成の教育を再び招来する危険につながるのではないかと懸念する意見がある。

C．第2条（教育の目標）

　教育は、その目的を実現するため、学問の自由を尊重しつつ、次に掲げる目標を達成するよう行われるものとする。
　1　幅広い知識と教養を身に付け、真理を求める態度を養い、豊かな情操と道徳心を培うとともに、健やかな身体を養うこと。
　2　個人の価値を尊重して、その能力を伸ばし、創造性を培い、自主及び自律の精神を養うとともに、職業及び生活との関連を重視し、勤労を重んずる態度を養うこと。
　3　正義と責任、男女の平等、自他の敬愛と協力を重んずるとともに、公共の精神に基づき、主体的に社会の形成に参画し、その発展に寄与する態度を養うこと。
　4　生命を尊び、自然を大切にし、環境の保全に寄与する態度を養うこと。
　5　伝統と文化を尊重し、それらをはぐくんできた我が国と郷土を愛するとともに、他国を尊重し、国際社会の平和と発展に寄与する態度を養うこと。

　教育目的実現のために根本的に配慮すべき事柄として「学問の自由」を掲げている点は旧法の精神を継承しているといえる。本条項はその後に、日本社会の現状を勘案し、具体的教育目標として5項目を列挙する。5項目の中に取り上げられた具体的徳目は20個近くあるが、その大部分は学習指導要領ですでに指示されている目標である。教育基本法にそれらを明示した意図は学習指導要領の正当性を強い形で表明することにあったと思われる。

　本条項は今次の改正過程において最も大きな議論を引き起こしたものの一つである。いささか煩雑に過ぎる具体的「徳目」を教育目標の中心に据えたことに批判が投げかけられた。特に5号に示された「伝統と文化を尊重し、それらをはぐくんできた我が国と郷土を愛する」という文言は従来保守陣営が主張してきた徳目であるがゆえに、戦前型の愛国心教育を再び志向するものではないかとの強い反論を引き起こし、与野党間で論争が繰り広げられた。

D．第3条（生涯学習の理念）

　国民一人一人が、自己の人格を磨き、豊かな人生を送ることができるよう、その生涯にわたって、あらゆる機会に、あらゆる場所において学習することができ、その成果を適切に生かすことのできる社会の実現が図られなければならない。

　科学技術の進歩や職業雇用構造の変化、高齢化の進展や自由時間の増大などの社会変化にともない、生涯学習社会の実現はわが国の重要な課題となっている。そのために本条項が新設されたのである。

E．第4条（教育の機会均等）

> 　すべて国民は、ひとしく、その能力に応じた教育を受ける機会を与えられなければならず、人種、信条、性別、社会的身分、経済的地位又は門地によって、教育上差別されない。
> 　②　国及び地方公共団体は、障害のある者が、その障害の状態に応じ、十分な教育を受けられるよう、教育上必要な支援を講じなければならない。
> 　③　国及び地方公共団体は、能力があるにもかかわらず、経済的理由によって修学が困難な者に対して、奨学の措置を講じなければならない。

　旧教基法第3条を引き継ぎ、教育上の差別の禁止と、国・地方公共団体が奨学措置を講じることの義務性を再確認するとともに、障害者に対する支援について新たな規定が追加された。

　第1項は、憲法第26条1項の「教育を受ける権利」と第14条の「法の下の平等」の両規定を受け、教育面における法の下の平等原則を、具体的には教育の機会均等の保障という面から規定したものである。憲法の文言にはない「経済的地位」という字句を加えることにより、第3項の「能力があるにもかかわらず、経済的理由によって修学困難な者に対して」国や地方公共団体に奨学の方法を講ずべきことを義務づける規定へと、文脈上つながっている。この規定を実質化するため、「生活保護法」による教育扶助や「就学困難な児童及び生徒に係る就学奨励についての国の援助に関する法律」による学用品の給与、「独立行政法人日本学生支援機構法」による奨学事業等、多くの就学援助施策が講じられている。

　本条項の最大の特徴は、障害者に対する教育上の差別を禁じた第2項が新設された点にある。憲法制定以後も障害者の教育を受ける権利は十分には保障されて来ず、養護学校が義務化されたのは憲法制定からなんと33年を経た1979年のことであった。今日ノーマライゼーションの理念の下、障害を持った子供一人

ひとりの特別なニーズに配慮する特別支援教育への転換が目指されている時代的要請を受けた法的対応であると評価される。

F．第5条（義務教育）

> 　国民は、その保護する子に、別に法律で定めるところにより、普通教育を受けさせる義務を負う。
> 　②　義務教育として行われる普通教育は、各個人の有する能力を伸ばしつつ社会において自立的に生きる基礎を培い、また、国家及び社会の形成者として必要とされる基本的な資質を養うことを目的として行われるものとする。
> 　③　国及び地方公共団体は、義務教育の機会を保障し、その水準を確保するため、適切な役割分担及び相互の協力の下、その実施に責任を負う。
> 　④　国又は地方公共団体の設置する学校における義務教育については、授業料を徴収しない。

　憲法第26条第2項の「義務教育」を具体化する規定であり、旧教基法第4条を引き継ぐとともに、新たに義務教育の目的と国・地方公共団体の役割と責任に関する規定が追加された。旧法との比較で最も注目されることは、普通教育を受けさせる期間に関し従来の「9年」という具体的期間を削除し「別に法律で定める」との表現に改めた点である。この点に関し、具体的枠組みがはずされれば、財政状況の悪化等により義務教育期間が短縮される事態を招くのではないかと懸念する声が聞かれたが、学校教育に対する日本人の意識や期待を前提に考えればそのような懸念は杞憂と思われる。政府が言う改正の理由は、社会の状況に応じて迅速かつ柔軟な対応を可能にするためとのことである。幼児教育の重要性が繰り返し指摘される今日、今後の幼稚園や高等学校の義務教育化や飛び級の導入の可能性を配慮した対策であるように思われる。

　義務教育の目的を規定した第2項に対しては、第2条の場合と同様の理由で批判が集中している。すなわち、教育内容に関して国が具体的に規定することは教育の国家統制につながる危険性があるので反対である。具体的教育は教員を中心とする専門家集団の自律的決定に委ねるべきであるという主張である。そのような批判があるにもかかわらず本条項を盛り込んだ政府の姿勢からは、義務

教育の制度化目的の一つである既存社会の価値観を次代に伝達することを通して国民統合を果たすという機能をより積極的に進めていこうとする決意を読み取ることができよう。

憲法が規定する義務教育の無償の範囲については、授業料の無償を意味する考え方と、教科書費や給食費等およそ就学にかかる費用は全て無償とすべきだとする考え方の2通りが対立している。判例上は、国が義務教育を提供するについてその対価は徴収しないことを定めたものであり、対価とは授業料を意味するものと認められるので、無償とは授業料不徴収の意味であると解釈されている（最高裁判決、1964（昭和39）年2月26日）。本条第4項の規定はこの判例を踏襲したものである。しかし、義務教育は国家が保護者に対して義務として強制するものである以上、無償であることは当然のことであるので、義務教育の本質からいって、単に授業料の不徴収だけでなく、教科書、学用品、その他就学に要する費用を可能な限り保護者に負担させないことを理想とすべきであろう。

G．第6条（学校教育）

> 法律に定める学校は、公の性質を有するものであって、国、地方公共団体及び法律に定める法人のみが、これを設置することができる。
> ②　前項の学校においては、教育の目標が達成されるよう、教育を受ける者の心身の発達に応じて、体系的な教育が組織的に行われなければならない。この場合において、教育を受ける者が、学校生活を営む上で必要な規律を重んずるとともに、自ら進んで学習に取り組む意欲を高めることを重視して行われなければならない。

旧教基法第6条1項を引き継ぐとともに、新たに学校教育の基本的役割や児童・生徒の規律を重んじた学習態度の醸成を求める第2項が加えられた。また旧法第2項の教員に関する規定は、新法では第9条として独立させられた。

第1項にある「法律に定める学校」とは、「学校教育法」第1条に定める正系の学校（＝1条校）のことであり、小学校、中学校、義務教育学校、高等学校、大学等9種類の学校のことをさしている。「公の性質」ということは、学校がすべての国民の福利のために公開されているという意味であるので、そのような学

校の設置者は国や地方公共団体のほか「法律に定める法人」（＝学校法人；学校教育法第2条、私立学校法第3条）のみに限定されている。

　第2項は、学校教育は体系的・組織的に行われるべきこと、児童・生徒が規律を重んじ真摯に学習に取り組むことの重要性を述べている。旧教基法には学校教育の役割に関する規定は置かれておらず、学校教育法等に学校種ごとに規定が設けられていた。今回の改正はこの点を改めようとするものであるといえよう。ただしこの改正に対しては幾つかの批判が投げかけられた。その一つは「規律を重んずる」ことや「自ら進んで学習に取り組む意欲を高めること」など、教える側ではなく学ぶ側に焦点を当てた規定が設けられたことへの疑義である。これは、教育は権利であるとする旧教基法の理念と矛盾し、国家や社会のために教育を受けるべきとする義務としての教育観を彷彿とさせ、そのような方向へと日本の教育が再び導かれるのではないかとの懸念である。

H．第7条（大学）

　　大学は、学術の中心として、高い教養と専門的能力を培うとともに、深く真理を探究して新たな知見を創造し、これらの成果を広く社会に提供することにより、社会の発展に寄与するものとする。
　　②　大学については、自主性、自律性その他の大学における教育及び研究の特性が尊重されなければならない。

　知識基盤社会における大学の役割の重要性に鑑み、大学の基本的な役割等について新たに規定が設けられた。第1項において大学の役割が示され、第2項では、自主性や自律性等大学の特性が尊重されるべきことを宣言している。

I．第8条（私立学校）

　　私立学校の有する公の性質及び学校教育において果たす重要な役割にかんがみ、国及び地方公共団体は、その自主性を尊重しつつ、助成その他の適当な方法によって私立学校教育の振興に努めなければならない。

本条項は、今日のわが国における私立学校が果たしている役割の重要性に鑑み、その一層の振興を目的に新たに規定された条項である。国や地方公共団体による私立学校への助成に関しては、公の支配に属さない教育への公金の支出を禁止する憲法第89条との関係で、賛成・反対、促進・制限、様々な意見が存在している。しかし、今日私立学校は、たとえば大学レベルでは全体の7～8割を占めているのみならず、多様化する国民のニーズに積極的に対応していることからして、わが国の教育に重要な役割を果たしていることは紛れもない事実である。国や地方公共団体が、厳しい財政状況の中にもかかわらず、私学への助成措置を継続し続けていることは、この事実としての私立学校の役割の重要性を無視し得ないからこそに違いないのである。そして、今後一層振興を図ろうとする決意を表明していることは評価すべき姿勢であるといえよう。

J．第9条（教員）

法律に定める学校の教員は、自己の崇高な使命を深く自覚し、絶えず研究と修養に励み、その職責の遂行に努めなければならない。
②　前項の教員については、その使命と職責の重要性にかんがみ、その身分は尊重され、待遇の適正が期せられるとともに、養成と研修の充実が図られなければならない。

近年の教員の資質・能力の向上を重視する教育政策を反映して、本条項は旧教基法第6条2項を単独の条項に独立させたものと考えられる。その過程で、旧法にあった教員は「全体の奉仕者」であるとの文言が削除された。他方、教員の養成と研修の充実を図る目的で第2項にそのことに関する規定が新しく追加された。

次世代を担う子どもの教育は社会全体の深い関心事であり、その正否は教員の活動に多くを負っている。それ故、教員は自らの「崇高な使命を深く自覚」し、「職責の遂行」に全力でもって努めなければならないとするのである。その職責遂行を可能にする前提として研究と修養に励むことが当然期待され、それ故研修体制の充実が図られなければならないであろう。そこで、これまで「教育

公務員特例法」に規定されていた研修条項を教育基本法レベルまで引き上げ、その意義を強調するねらいがあったものと思われる。

　なお第6条の解説で既述したように、「法律に定める学校」はすべての1条校を含める概念であるので、これら教員の使命と職務のことについては、国・公立学校の教員だけに限定されるものではなく、私立学校の教員にも当てはまるものであることに留意する必要がある。

K．第10条（家庭教育）

> 　父母その他の保護者は、子の教育について第一義的責任を有するものであって、生活のために必要な習慣を身に付けさせるとともに、自立心を育成し、心身の調和のとれた発達を図るよう努めるものとする。
> 　②　国及び地方公共団体は、家庭教育の自主性を尊重しつつ、保護者に対する学習の機会及び情報の提供その他の家庭教育を支援するために必要な施策を講ずるよう努めなければならない。

　本条項は、家庭教育が子どもの教育の基本であることを改めて確認し、国や地方公共団体の家庭教育に対する積極的な支援を促す目的で新設された。

　子の教育は親が第一義的責任を負うということはこれまで暗黙の了解事項とされてきた。それをあえて明文化するに至った背景として一つには、父母（家庭）が子どもの養育に関する第一義的責任を負っている明言している『児童の権利に関する条約』（1994）が国会で批准され国内規範となったことがあげられる。また今ひとつには、旧教基法が制定された1947年当時と現在では、家族の姿が大きく変化してしまったという事実認識があったようである。一言で言えば、今日の家族は、地域社会の衰退の中で核家族化が進行し、家庭における子育ての手法の伝承が極めて困難な事態に直面しているという認識である。国や地方公共団体による情報の提供等の支援により、その困難な事態を改善していこうとする姿勢が読み取れる。

L．第11条（幼児期の教育）

> 幼児期の教育は、生涯にわたる人格形成の基礎を培う重要なものであることにかんがみ、国及び地方公共団体は、幼児の健やかな成長に資する良好な環境の整備その他適当な方法によって、その振興に努めなければならない。

　幼児期の教育が人格形成の基礎を培うという点で極めて重要なものであることを鑑み、国や地方公共団体がその振興に努めるべきことを促すために新設された条項である。なお、ここでいう幼児期の教育とは、幼稚園や保育所での教育に限定されるものではなく、家庭や地域社会で行われている教育をも含めた幅広い概念であることは言うまでもない。

M．第12条（社会教育）

> 　個人の要望や社会の要請にこたえ、社会において行われる教育は、国及び地方公共団体によって奨励されなければならない。
> 　②　国及び地方公共団体は、図書館、博物館、公民館その他の社会教育施設の設置、学校の施設の利用、学習の機会及び情報の提供その他の適当な方法によって社会教育の振興に努めなければならない。

　旧教基法第7条を引き継ぎ、社会教育が国や地方公共団体により奨励され振興されるべきことを改めて確認した条項である。

N．第13条（学校、家庭及び地域住民等の相互の連携協力）

> 　学校、家庭及び地域住民その他の関係者は、教育におけるそれぞれの役割と責任を自覚するとともに、相互の連携及び協力に努めるものとする。

　学校、家庭、地域社会が相互に連携協力し子どもの教育に当たるべきとの考えは、今日の教育改革の中核的概念である。本条項を新設した背景には、そのことを最上位の教育法規である教育基本法に位置づけることにより、その重要性を再確認するというねらいがあったものといえよう。

O.　第14条（政治教育）

> 　良識ある公民として必要な政治的教養は、教育上尊重されなければならない。
> 　②　法律に定める学校は、特定の政党を支持し、又はこれに反対するための政治教育その他政治的活動をしてはならない。

　旧教基法第8条をほぼそのまま踏襲した規定である。日本国憲法はその基本原理の一つに国民主権を掲げているが、主権者としての国民（＝公民）には、民主主義社会を支えていくために、政治的教養と政治に関わる道徳の向上が求められることはいうまでもない。したがって、民主主義社会の成立ためには、教育上国民の政治的教養が尊重されなくてはならないのである。しかし、公共性を有する学校教育は特定の政党に偏ったり、あるいは忌避したりする教育や活動を行うことは当然禁じられる。このことは「法律に定める学校」、すなわち国・公・私立を問わずすべての学校において遵守されなければならない。

P.　第15条（宗教教育）

> 　宗教に関する寛容の態度、宗教に関する一般的な教養及び宗教の社会生活における地位は、教育上尊重されなければならない。
> 　②　国及び地方公共団体が設置する学校は、特定の宗教のための宗教教育その他宗教的活動をしてはならない。

　旧教基法第9条をほぼそのまま踏襲した規定である。ただし、第1項に「宗教に関する一般的な教養」という文言が加えられたのは、宗教の役割を客観的に学ぶことの重要性を考慮したからである。本条項は憲法第20条の「信教の自由」の規定を受けて定められたもので、宗教の存在意義は教育上尊重されなければならないが、国・公立学校にあっては政教分離の原則からして特定の宗教に偏った宗教教育や宗教的活動を禁止するという、いわゆる宗教と教育についての基本的原則を明示したものである。

　ただし、私立学校にあっては、特定の宗教教育を行ったり、宗教上の儀式等宗教的活動を行ったりすることは自由である。このことは、「教育職員免許法」にも宗教科の免許状が規定されていることからも明らかである。

Q. 第16条（教育行政）

> 教育は、不当な支配に服することなく、この法律及び他の法律の定めるところにより行われるべきものであり、教育行政は、国と地方公共団体との適切な役割分担及び相互の協力の下、公正かつ適正に行われなければならない。
> ② 国は、全国的な教育の機会均等と教育水準の維持向上を図るため、教育に関する施策を総合的に策定し、実施しなければならない。
> ③ 地方公共団体は、その地域における教育の振興を図るため、その実情に応じた教育に関する施策を策定し、実施しなければならない。
> ④ 国及び地方公共団体は、教育が円滑かつ継続的に実施されるよう、必要な財政上の措置を講じなければならない。

　教育行政のあり方に関し、教育は不当な支配に服してはならない旨を旧教基法第10条から引き継いでいるが、旧法にあった「国民全体に対し直接に責任を負って」という文言が削除され、替わりに「この法律及び他の法律の定めるところにより」と改められた点は大きな変更であり、当然大きな論議を呼んだ。すなわち、この変更は、教育行政機関による教育内容に関する権力的介入に対する盾となっていた旧法の精神を変質させ、教育の自主性・自律性を損なうことになるのではないかという批判である。教育行政機関による教育内容に関する介入のあり方については、原則的に認められるべきでないとする強い主張もあるが、最高裁判所は学習指導要領の法的拘束力を容認するとともに、国や地方公共団体が教育内容へ正当な範囲内で関与できるという判断を示している（学力テスト旭川事件最高裁判決、1976）。今回の改正には、この最高裁の判断をふまえ、この点に関する論争に終止符を打つねらいがあったものと思われる。しかし、国による教育内容行政が権力的にならないよう常に注視する必要があろう。

　第1項にある「不当な支配」とは、教育の政治的中立性を侵害する党派的な干渉を意味しているが、その勢力としては、政党、財界、労働組合、宗教団体等の国民全体ではない一部の勢力のことをさしているが、最高裁判決によれば、理論的には国や地方公共団体の公権力機関（行政機関）も不当な支配の主体となり得ると指摘されている。

　また今次の改正においては、国と地方公共団体の教育行政における役割が明

示されたことも大きな変更点である。すなわち、教育行政は公正かつ適正に行われなければならないとの第１項の規定を受け、第２項と３項でそのためには国および地方公共団体それぞれの役割分担を定め、財政上の措置を講じなければならないことを新たに規定したのである。国と地方公共団体は車の両輪の関係にあり、両者「適切な役割分担及び相互の協力」（第１項）を行っていくことは言うまでもないことであるが、あえてこの規定を追加した背景には、急速に進む地方分権化の中、国の権限をあくまで維持し続けようとする文部科学省の思惑があったのではないかと推測できる。

R．第17条（教育振興基本計画）

政府は、教育の振興に関する施策の総合的かつ計画的な推進を図るため、教育の振興に関する施策についての基本的な方針及び講ずべき施策その他必要な事項について、基本的な計画を定め、これを国会に報告するとともに、公表しなければならない。
②　地方公共団体は、前項の計画を参酌し、その地域の実情に応じ、当該地方公共団体における教育の振興のための施策に関する基本的な計画を定めるよう努めなければならない。

中央教育審議会は、その答申（『新しい時代にふさわしい教育基本法と教育振興基本計画の在り方について』2003年３月）において、教育の基本理念や原則の再構築とともに、具体的な教育制度の改善と施策の充実があって初めて実効ある教育改革が可能であるので、教育振興のための基本計画策定の必要性を指摘した。これを受けて新設されたのが本条項であり、第１項で国に基本計画を定めることを求め、第２項において地方公共団体が、国の基本計画を基にして、地域の実情にあった基本計画を定めることが明示されている。なお、教育振興基本計画は2008（平成20）年に策定され、2017年までの10年間の長期スパンと2012年までの５年間の中期スパンに基づく様々な教育計画が実施に移されている。また2013年には第２期の振興計画が決定され、新たな５年間計画が取り組まれている。

S．第18条（法令の制定）

> この法律に規定する諸条項を実施するため、必要な法令が制定されなければならない。

　教育基本法の諸規定を具体的に実現するために必要な法令整備について明記した条項であり、旧教基法第11条とほぼ同様の文言である。この規定から、前文の内容と相まって、新しい教育基本法も旧法と同様、憲法の理念を教育面における理念・原則として宣言することと、憲法とその他の教育諸法規との間の橋渡しの役割を果たす法規範としての位置づけが与えられていることは明白である。その意味で新しい教育基本法も旧教基法同様、教育憲法または教育憲章と呼ぶことができるであろう。

第3節　現代の公教育制度と教育行政

　次に、以上見てきた憲法と教基法が明示しているわが国の教育制度の諸原理を集約し、今日わが国の学校教育を構成している基本原理を整理してみよう。さらに視点を変え、学校教育を後ろから支える教育行政の基本原理を検証してみよう。ここで注意しておかなければならない点は、学校教育と教育行政の両視点から基本原理を検討するとは言うが、これら両視点から抽出された諸原理はそれぞれ別個のものではなく相互に関連しあったものであるということである。言葉を換えれば、一つの実態（原理）を視点を変えて整理し、提示していると言えるかもしれない。ところで、以下述べる諸原理のさらにその根底にある原理は「民主主義原理」である。民主主義は現代国家の共通の基本原理であり、現代社会の普遍的な基本理念、基本的な価値観である。したがって、民主主義は、現代の教育、教育制度、教育行政すべてを貫いている基本的な原理である。

1．現代学校教育の構成原理

(1) 単線型学校体系──教育権保障の制度枠組み──

　今日のわが国公教育制度の基幹部分は小学校−中学校−高等学校−大学とい
う、いわゆる6・3・3・4制と呼ばれる学校体系で構成されている。そして
これらの学校は、教育の機会均等の原則に基づき、国民全てに開放されており、
我々は能力による制約は受けるとはいえ、全員に大学までの進学機会が保障さ
れている。この様な学校体系のことを「単線型学校体系」と呼ぶ。現代わが国
が採用しているこの学校体系は、憲法第26条で「すべて国民は、法律の定める
ところにより、その能力に応じて、ひとしく教育を受ける権利を有する」と宣言
された国民の教育を受ける権利を保障する制度なのである。またそれは「すべて
国民は、ひとしく、その能力に応じた教育を受ける機会を与えられなければなら
ず、人種、信条、性別、社会的身分、経済的地位又は門地によつて、教育上差
別されない」と教基法第4条が宣言する教育の機会均等の原則を具体化した制
度でもある。このように、単線型学校体系は、教育を受けることを国民の人権
として承認しそれゆえすべての国民にひとしく教育の機会を保障しようとする教
育制度であり、そしてそれら教育を通して自らの発達可能性を可能な限り開く
ことができた人々が相互に共同しながらより良き社会を築き上げていこうとする
民主主義社会にふさわしい学校制度である。

　民主主義社会とは到底言えない社会・政治体制を取っていた戦前のわが国の
学校制度は、したがって単線型学校体系ではなかった。それは小学校の基礎部
分こそ全ての国民に共通であったが、その後は普通教育、実業教育、教員養成
等分野ごとにそれぞれ独自の学校体系（コース）が分立しており、それぞれの
コース間における横の連絡は無くそれぞれが袋小路の構造を形成していた。そし
て子どもたちがどのコースに進学するかは、親の社会的身分や経済的地位など
によって決められることが一般的であった。この様な学校制度を「分岐型学校
体系」という。

　さらに一層非民主主義的な学校制度は、義務教育が導入された前後（18〜19

世紀）のヨーロッパ諸国に出現したもので、国民の身分・階級に応じて支配階級（エリート）のための学校と民衆（庶民）の学校という２種類の学校系統が併存し、両者の間には連絡・接続の道が全く開かれていない制度である。これを「複線型学校体系」という。これは身分制社会の原理から生まれた前近代的で不平等な学校制度である。したがって、近代市民社会が成熟し民主化が進展するにつれこの様な教育体制への批判が強まり（統一学校運動）、分岐型から単線型へと段階的に統一化を目指す改革が進められてきた。

　今日のわが国の公教育制度は、何よりもまず国民一人ひとりの教育を受ける権利を保障することを第一義とする制度である。教育を受ける権利が保障されるということは、国民一人ひとりが自らの可能性を全面的に発達させるための教育の機会が均等に保障されていることを意味している。この様な公教育制度を具体的に構成する原理として、「義務性」、「無償性」、「中立性」の諸原理がとりわけ重要である。

(2) 義務性原理

　憲法第26条第２項は「すべて国民は、法律の定めるところにより、その保護する子女に普通教育を受けさせる義務を負ふ」と宣言する。これを受け、教基法は「国民は、その保護する子に、別に法律に定めるところにより、普通教育を受けさせる義務を負う」（５条）と規定し、次いで学校教育法は保護者の９年間の就学義務を具体的に定めている（17条）。これらの規定から明らかなように、今日の義務性原理は、第一義的に保護者に対し子どもに教育を受けさせる義務を負わせるものであり、その目的は子どもの教育を受ける権利を保障するところにある。

　この保護者の義務を保障し支える制度的枠組みとして、市町村の学校設置義務と社会一般の教育保障義務がある。いずれもその法的根拠は学校教育法にあり、それぞれ「市町村は、その区域内にある学齢児童を就学させるに必要な小学校（中学校）を設置しなければならない」（38、49条）、「学齢児童又は学齢生徒を使用する者は、その使用によって、当該学齢児童又は学齢生徒が、義務教育を受けることを妨げてはならない」（20条）と規定している。後者の義務を避止義務という。この義務規定は、子どもの義務就学は単にその子と保護者の間

の個人的、家庭的な問題であるだけでなく、社会全体の利益と幸福にも関わる問題であるとの認識に基づいて成立しているものである。

(3) 無償性原理

　歴史的には「無償制度」は「義務就学」の代償として現れてくる。国家が国民に就学義務を課す以上、その就学は無償であるべきであるということである。しかし現代では、無償性を単に義務性との関連でとらえるだけでなく、さらに進めて子どもの教育を受ける権利を実質的に保障する手段として考えられるようになってきた。この意味で今日的な無償制度は、子どもが教育を受けることについて、その費用を両親が個々に負担するのではなく、租税収入から一括して支払う制度である。これによって教育を受ける機会に関し、子どもの家庭の経済力によって差が生じさせないようにすることを目的とするのである。

　無償性に関する根本原則は、憲法の第26条第2項に「義務教育は、これを無償とする」と宣言されている。これを受けて教基法はその第5条第4項で「国又は地方公共団体の設置する学校における義務教育については、授業料を徴収しない」と無償の範囲を具体的に規定するが、それは国・公立学校における授業料のみに限定されている。義務教育は公教育の最も根幹に当たる部分であるにもかかわらず、その無償制度の範囲がこの様に著しく制限されていることはいささか問題でもあり不十分でもあるといわざるをえない。したがって、その後の立法措置として「義務教育費国庫負担法」(1952) や「義務教育諸学校の教科用図書の無償に関する法律」(1963) などが制定され、義務教育に関する家庭の経費負担を軽くするための対策が講じられたが、無償性の現代的趣旨からすれば、家庭の経費負担を一層軽減する努力を行うことが国には求められていると言えよう。

(4) 中立性原理

　公教育は全ての国民を対象にして行われるものであり、かつ全ての子どもたちの最大限の発達保障を目指すべきものである以上、それは特定の価値観や一部集団の利益のみに奉仕するものであってはならない。旧教育基本法はこの点を非常に重視し第10条で「教育は、不当な支配に服することなく、国民全体に対

し直接に責任を負つて行われるべきものである」と宣言していた。この規定は、まさにこの教育の中立性の宣言にこそ他ならない。しかるに、改正教育基本法はこの点「教育は、不当な支配に服することなく、この法律及び他の法律に定めるところにより行われるべきものであり……」（16条）と述べるにとどまり、旧教育基本法の崇高な精神性を弱めてしまったことは残念なことである。

　教育の中立性を確保するに際し特に考慮されなければならないポイントは、政治的中立性と宗教的中立性をいかに維持するかという点である。政治的中立性に関しては、教基法は、「法律に定める学校は、特定の政党を支持し、又はこれに反対するための政治教育その他政治的活動をしてはならない」（14条2項）と定め、公教育における党派的な政治教育ならびに活動の全面的禁止を命じている。ただし第14条は同時に「良識ある公民として必要な政治的教養は、教育上尊重されなければならない」（1項）とも述べており、公教育における政治教育一般を禁じているものではない。

　他方、教育における宗教的中立性の原理については、教基法はその第15条をあてている。政治的中立性に関する規定と同様に、宗教的中立性についても「宗教に関する寛容の態度、宗教に関する一般的な教養及び宗教の社会生活における地位は、教育上尊重されなければならない」（1項）と、広い意味での宗教に関する教育の価値を尊重しながらも、「国及び地方公共団体が設置する学校は、特定の宗教のための宗教教育その他宗教的活動をしてはならない」（2項）と、国・公立の学校においては特定宗教の立場に立つ宗教教育および宗教的活動を行うことを禁じているのである。ただし、私立学校に対しては宗教教育の自由が尊重されており、宗派的な教育や活動を行うことは禁じられていない。

2．教育行政の基本原理

(1) 法律主義

　教育行政における法律主義とは、「法の支配」の原則の下、教育行政は法律に基づき、法律に従って行われなければならないということである。行政は法律を根拠に行われるべきとするのは、現代国家の基本原則である。

　しかし、戦前の教育行政は命令主義ともいうべき勅令主義の形式をとっていた。学校教育のあり方を規定した「小学校令」や「中学校令」も勅令として出されていた。国の教育の決定権を天皇＝官僚が独占する体制がとられていたのである。

　戦前の教育行政に対する反省から、戦後は法律主義が採用されることになった。すべて国民は「法律の定めるところにより」教育を受ける権利を有し、普通教育を受けさせる義務を負う（憲法26条）ことがすべての基本に敷かれ、その上に教基法が第18条で教基法の諸条項を実施するために適当な法令が制定されるであろうと規定する。この憲法の理想の実現を目指す教基法に具体的教育法規の制定根拠が置かれたことによって、教育ならびに教育行政は法律主義になったのである。

　法律主義の意義は、一部の勢力の利害に教育が左右されないことであろう。国会や議会という国民の意見の反映する場所で教育が論じられることを保障する仕組みである。法律主義は、教育行政における民主主義を確保し、公教育が主権者である国民全体の意志に基づいて行われることを保障するための、重要な教育行政の基本原理である。

(2) 地方分権主義

　憲法はその第8章で地方自治を定め、特に第92条では「地方公共団体の組織及び運営に関する事項は、地方自治の本旨に基づいて、法律でこれを定める」と述べ、地方自治の原則を明らかにしている。憲法の定めるこの地方自治は、いうまでもなく教育行政にも適用される。

　地方自治は、地方の行政事務に関して、国の干渉を排除し、地方公共団体に任せ、地方住民自らの意志に基づいて処理することをいい、住民自治と団体自治の結合の上に成り立つ理念である。地方分権は地方自治実現の一形態である。戦前の中央集権的、官僚統制的であった教育行政を刷新するうえでこの原理は極めて重要なものであった。教育委員会はこの原理の下に教育行政の主たる責任機関として設置されたのである。

　教育委員会の創設をもたらした「教育委員会法」（旧法）が、「教育が不当な

支配に服することなく、国民全体に対し直接に責任を負って行われるべきであるという自覚のもとに、公正な民意により、地方の実情に即した教育行政を行うために、教育委員会を設け、教育本来の目的を達成することを目的」（1条）としたのに対し、「地方教育行政の組織及び運営に関する法律」（1956、地教行法）は、「地方公共団体における教育行政と一般行政との調和」、「教育の政治的中立と教育行政の安定の確保」とともに「国、都道府県、市町村一体としての教育行政制度の確立」をねらいとし、文部大臣（旧）や都道府県教育委員会の積極的な指導的地位、文部大臣（旧）の措置要求権などを規定し、地方自治本来の趣旨から大きく逸脱したといえよう。

　しかし、国をあげての規制緩和をともなう行政改革の断行の中で、1998（平成10）年には、中央教育審議会が、地方自治の本来の趣旨に戻すべく、地方教育行政制度に関する改革構想を答申した（『今後における地方教育行政の在り方について』）。この答申の柱は次の3点にあった。①教育行政の地方分権化、②学校の自主性・自立性の確保、③地域の意向を踏まえた教育行政の推進。

　答申は、教育行政における国、都道府県、市町村の役割分担の見直しや教育委員会と学校のあり方の見直しの必要性を強く指示し、具体的には、文部科学省から都道府県教育委員会、あるいは都道府県教育委員会から市町村教育委員会への指導、助言、援助に関する規程の見直し、教育長の任命承認制の廃止、学校運営における人事や予算面での校長の裁量権を拡大し、校長のリーダーシップの強化を図ること、地域住民の意見反映のため学校評議員制度を創設することなどの提案を行った。これらの提案はその後の法改正により着々と実現されており、わが国の教育行政もここにきて地方自治の本旨に戻りつつあるように思われる。

(3) 中立性確保主義

　教育の中立性というとき、一般的には教育の政治的中立性をさすことが多い。なぜなら、教育は人間形成の主要因であることから、政治権力が教育に深く関与し思いのままにあやつることのないように、教育の自律と自主性を確保することが極めて重要であることが普遍的に認められているからである。そしてさら

に、近代市民社会における公教育制度の発展の過程においては、この原理のカテゴリーとして教育における宗教的中立性も含まれてきたのである。個人の価値観と世界観形成において、どのような政治観と宗教観を選択するかということが極めて大きな影響を及ぼすこと、それゆえ政治と宗教の勢力が常に教育に介入しようとすること、そしてそれが往々にして人々に不幸をもたらすこと等が、経験則として共通に認識されるようになったからである。

　中立性確保のための措置は多様に施されている。政治的には、教基法第14条が国公私立を問わず学校における特定の立場に立った政治教育と活動を禁じている。また、いわゆる「教育二法」もすべての学校の教員の政治的活動を厳しく制限している。さらに、地方公務員としての教員には政治的行為が国家公務員と同等に厳しく制限されている（教育公務員特例法18条）。

　このように、学校教育における教育の政治的中立性の確保は極めて重視されているので、その中立性を制度的に保障するものとして教育行政の中立性も厳しく要請されるのである。したがって、公立学校の管理運営は、選挙を通じて選ばれる独任制の機関である地方公共団体の長に委ねられるのではなく、地方公共団体の合議制の執行機関である教育委員会に執行させるという仕組みが採用されているのである（一般行政からの相対的独立）。

　宗教的中立に関しては、教基法第15条は国公立学校に特定の宗教のための宗教教育や活動を行うことを禁止している。また社会教育面においても「社会教育法」は公民館の運営方針に関して、「市町村の設置する公民館は、特定の宗教を支持し、又は特定の教派、宗派もしくは教団を支援してはならない」（23条）と規定している。

　教育の政治的・宗教的中立の要請は、教育を本来私的な営みととらえる近代教育原則から導かれている。しかし、国家が公教育制度を整備確立した社会では、教育内容や教育活動そのものの中立性に加え、教育行政自体も政治的に中立であることが強く求められる。教基法第16条は、教育行政は、教育が不当な支配に服することなく行われるよう深く自覚し、行われるべきことを要請している。

(4) 教育の自主性尊重主義

　教育行政が対象とする教育の営みは、人間形成の内面的価値の形成に関わる、すぐれて精神的な活動であることから、教育行政は権力的な規制作用ではなく、教育活動の当事者たちの自主性と主体性を尊重するような助成的援助作用であることが求められている。

　公立学校の設置・管理・運営に関しては教育委員会が権限を有しており、法律（地教行法）に基づき「教育委員会規則」（＝学校管理規則）を制定している（33条）。そこでは、学校の管理運営に当たり、教育委員会と学校の役割・責任分担関係を明瞭に規定しつつも、学校の具体的な運営については出来る限り学校の自主性を尊重し、主体的な活動を保証する仕組みを作っているのである。

　また、私学についても「私立学校の自治」を保証している。「私立学校法」は「この法律は、私立学校の特性にかんがみ、その自主性を重んじ、公共性を高めることによって、私立学校の健全な発達を図ることを目的とする」（1条）と謳い、私立学校の自主性の尊重を法文上明言する。私立学校の自主性尊重の具体的制度として次のようなものがあげられる。①宗教教育・活動の自由（教基法第15条）、②義務教育段階の学校にあっても授業料の徴収ができること（教基法第5条）、③通学区域の規制がないこと（学教施令第9条）。

第**4**章
教育行政組織の概要

第1節　中央教育行政組織

　中央教育行政組織は国の教育行政組織であり、地方教育行政組織に対応する観念である。国の権能（統治権）は立法、行政、司法の3権に分けられ、憲法は「行政権は内閣に属する」と定める（65条）。教育行政も行政権の一環として行われるものであるから、中央教育行政はこの教育行政権に基づいて行われるのである。それゆえ、中央教育行政も、各種の行政を総合的に所掌する内閣および内閣総理大臣を除いて論じることはできない。

1．内　閣

　内閣は行政権を担当する最高の国家機関であって、内閣総理大臣および14人以内（特別の場合は17人まで可……なお、東日本大震災に伴う復興庁設置期間中は15人と18人に増員される）の国務大臣でもって構成される、合議制の行政機関である（憲法66条、内閣法2条）。内閣の職権の行使は閣議によらなければならないのであって（内閣法4条）、教育行政に関する事項も閣議に付される。
　教育行政機関としての内閣は、教育に関する法律案や予算案を審議決定し、

国会に提出することや、教育関係の政令を制定公布すること等の重要な権限を行使する（憲法73条）。このように、内閣は教育行政にも深く関与し、中央における教育行政機関としての機能も果たしているのである。

2．内閣総理大臣

　内閣総理大臣は内閣の首長であって、国会議員の中から国会の議決によって指名され、天皇によって任命される（憲法67、6条）。内閣総理大臣は閣議を主宰し、内閣を代表して法律案・予算案その他の議案を国会に提出し、一般国務等について国会に報告するとともに、行政官庁として行政各部の指揮監督を行う（同72条）。

　内閣総理大臣の教育行政に関する職務権限は、①文部科学大臣の任免、②文部科学大臣に対する指揮監督、③教育関係法案および予算案の国会提出、④文

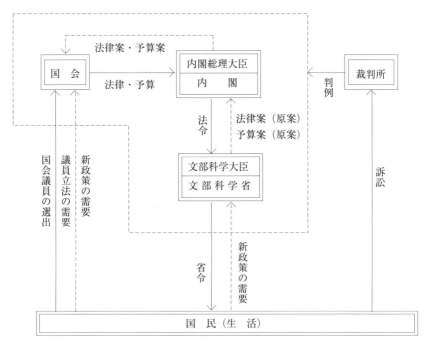

図2　国の統治機構

部科学大臣と他の大臣との間の権限争議の裁定、⑤文部科学大臣の行った処分・命令の中止などがある。

　なお、内閣総理大臣は内閣府の長でもあり、そこには教育に関係のある「青少年育成推進本部」も置かれている。このように、内閣総理大臣は、行政府の最高責任者として、教育行政の執行、教育政策の樹立、教育関係法律案や予算案の国会提出等、広い意味での教育行政に大きく関わっている。

3．文部科学大臣

　文部科学大臣は、国務大臣として内閣の構成員であるとともに、行政事務を分担管理し、文部科学省の長としてその事務を統括し、国の教育行政について主たる責任を負う（国家行政組織法5条）。

　国家行政組織法に定める文部科学大臣の権限は次の通りである（10～15条）。
①　文部科学省の事務を統括し、職員の服務を統督すること。
②　教育関係の法律・政令案を内閣総理大臣に提出し、閣議に諮ること。
③　法律・政令の施行のため、またはそれらの特別の委任に基づいて命令（省令）を発すること。
④　所掌事務について公示の必要な場合には告示を、命令や示達のために所管の機関や職員に対して訓令または通達を発すること。
⑤　行政機関相互の調整を図る必要があるとき、関係行政機関の長に必要な資料の提出と説明を求め、当該関係機関の政策に関し意見を述べること。
　その他、各種の教育法令により、教育関係の広範な権限が付与されている。

4．文部科学省

(1) 組織・機構
　内閣は国の最高行政機関としての立場から教育行政に関与するが、実質的な国の教育関係事務は、内閣の統轄の下に文部科学大臣を長とする文部科学省によって遂行される。

　行政改革の中心施策として、2001（平成13）年1月より、中央省庁はそれまでの1府22省庁から1府12省庁へと再編整理された。その際、従来の文部省と科学技術庁が統合され、新しく「文部科学省」が誕生した。文部省が所轄してきた学術行政と科学技術庁の科学技術行政を融合させ、総合的な学術・科学技術行政を推進しようとするものである。

　文部科学省は、他の省と同様、大臣およびその補助機関である副大臣、大臣政務官、事務次官、局長等を包括した教育行政機関として組織されている。幹部職として大臣を支えるのは副大臣、大臣政務官、事務次官、などである。このうち、政策・企画面や政務面を担当するのが副大臣（2名）と大臣政務官（2名）であり、いずれも国会議員の中から選ばれる。なお、大臣不在時の代行を行うのは副大臣である。他方、省務を整理し事務の監督を担当するのが事務次官であり、官僚の最高ポストである。

　文部科学省の組織は、本省の内部部局、外局である文化庁、国立学校や研究所、という3つの機構から成り立っており、このうち内部部局は、大臣官房、国際統括官および7つの局から構成されている。

（2）任務と所掌事務

　「文部科学省設置法」は文部科学省の任務として「教育の振興及び生涯学習の推進を中核とした豊かな人間性を備えた創造的な人材の育成、学術、スポーツ及び文化の振興並びに科学技術の総合的な振興を図るとともに、宗教に関する行政事務を適切に行うこと」（3条）と規定し、第4条ではその任務を達成するために必要な所掌事務として97項目を列挙している。その第1項目と第2項目には「豊かな人間性を備えた創造的な人材の育成のための教育改革に関すること」と「生涯学習に係る機会の整備の推進に関すること」を掲げ、生涯学習社会に向けて教育環境の充実・整備を視野に入れた教育改革に積極的に取り組む姿勢をアピールしている。

　さらに、「文部科学省組織令」において部局ごとの所掌事務が規定されている。以下に旧文部省を母体とした部局について、その所掌事務の一例を示す。

▶大臣官房：人事、広報、学校施設・家具の基準設定

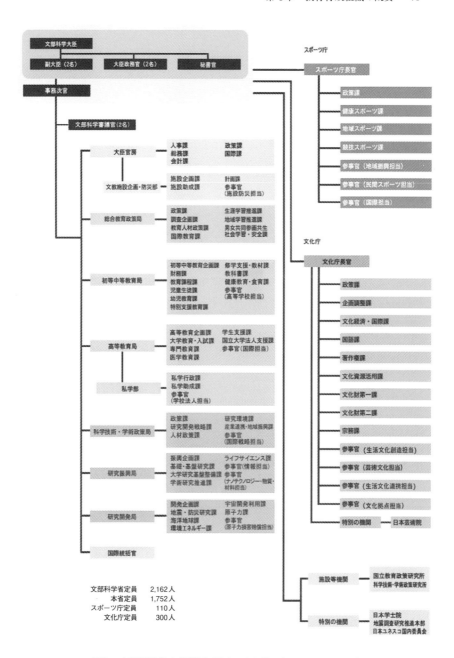

図3　文部科学省の組織図（出典：文部科学省ホームページより）

▶総合教育政策局：教育改革、生涯学習の機会整備、外国教育事情の調査、教員の要請や資質の向上、高等学校卒業程度認定試験
▶初等中等教育局：地方教育行政の指導・助言、教科書検定、学校保健や学校給食、教育用品の基準設定
▶高等教育局：留学生の受け入れ、学校法人の認可、私立学校への助成、国立大学法人の組織及び運営

(3) 機　能

　文部科学省は国の教育行政機関として、全国的観点から教育行政を行う立場にある。すなわち、憲法や教育基本法が保障する「教育の機会均等」を実質的に実現するために、全国的視野に立った条件整備を行わなければならない。このことは具体的には、全国的基準の設定（基準設定機能）、不均衡是正のための補助（補助機能）、教育委員会や教育機関間の連絡調整（調整機能）等の形で現れる。

　他方、文部科学省は「監督庁」あるいは「所轄庁」として、法令違反なきよう監督を行うこともある（監督機能）。また、高等教育と学術の重要性に鑑み、国が自ら大学や研究所を設置し、文部科学省がそれらを所管するようになっている（経営管理機能）。

　しかし、これら条件整備の働きが教育への「不当な支配」に陥らないために、文部科学省の本質的機能は、教育・学術・文化等に関する専門的、技術的な指導・助言・援助（指導・助言機能）にあることを見失ってはならない。

5．審議会

　審議会とは、行政機関に付設される合議制の機関で、大臣によって任命された複数の委員が大臣から諮問を受け、審議の後に答申を作成する。大臣はこの答申を尊重しながら以後の政策を決定していくので、行政に大きな影響力を発揮する。審議会について、公正な行政や行政の専門的妥当性を確保する働きがある、とその意義が指摘されるが、一方でその問題点として、多面的な国民・住民参加を保障するシステムになっていないこと、委員の選任のあり方、行政

の正当化機能に資する面があることなどが指摘されることも多い。

　2001（平成13）年の中央省庁再編にともない文部省の17の審議会と科学技術庁の6つの審議会は、「中央教育審議会」、「科学技術・学術審議会」、「文化審議会」等、8つの審議会に整理統合された。中央教育審議会（中教審）は、教育の振興および生涯学習の推進を中核とした豊かな人間性を備えた創造的な人材の育成に関する重要事項、生涯学習に係る機会の整備に関する重要事項を調査審議し、文部科学大臣に意見を述べることを任務としている。審議会には、教育制度、生涯学習、初等中等教育、大学の4つの分科会が設置され、30名の委員がいずれかの分科会に属し、2年の任期で活動を行っている。

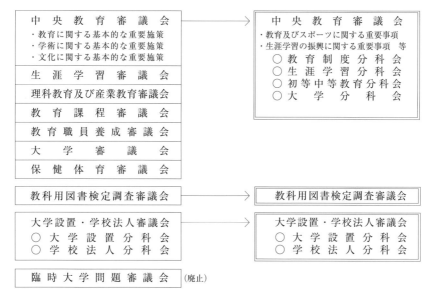

図4　文部科学省関係審議会の再編成

第2節　地方教育行政組織

1．地方自治と地方公共団体

　戦後、教育は地方固有の事務として位置づけられ、教育行政は地方自治の原則に基づき実施されることになった。地方自治とは、国家の一部をなす一定の地域とその地域の住民とからなっている地方公共団体が、地方の政治や行政を地域住民の意志に基づきながら自主的に処理することをいう。日本国憲法は第8章において地方自治を保障し、地方公共団体の組織および運営は地方自治の本旨に基づき、法律で定めると規定している（92条）。

　地方公共団体には、都道府県・市町村のような「普通地方公共団体」と、東京都の区のごとき特別区や地方公共団体の組合のような「特別地方公共団体」がある。普通地方公共団体の組織としては、議事機関としての議会、執行機関としての知事・市町村長（首長）および委員会がある。地方教育行政の組織及び運営に関する法律（以下、地教行法と略す）は第30条において「地方公共団体は、法律で定めるところにより、学校、図書館、博物館、公民館その他の教育機関を設置するほか、条例で、教育に関する専門的、技術的事項の研究又は教育関係職員の研修、保健若しくは福利厚生に関する施設その他の必要な教育機関を設置することができる」と規定している。これら学校や社会教育機関の設置や管理について、具体的事務は教育委員会が当たり、財政に関しては知事・市町村長が責任を負うことになっている。

2．議会と首長の教育行政権限

(1) 議　会

　議会については、「地方自治法」（以下、自治法と略す）の第6章において、その組織や権限が規定されている。議会の権限としては、①教育事務に関する条

例（例；公立学校等の設置条例、公立学校教職員の給与条例、公立高等学校授業料徴収条例）の制定と改廃、②教育事務に要する予算の決定、③教育委員の任命と罷免に対する同意、等があげられる。

(2) 地方公共団体の長（首長）

　地方公共団体の長とは、都道府県では知事、市町村では市長、町長、村長のことをさし、一般に首長と呼ばれる。これらの長は自治法の定めるところにより、地方公共団体を統轄し、これを代表する（自治法147条）。戦前、知事は天皇の勅任による国の官吏であったが、戦後は地方自治の確立により、市町村長ともども住民の直接選挙で公選され、地方公務員としてその地方公共団体の事務を処理することになった。

　首長は当該地方公共団体の教育委員会の教育長と委員を任命するという大きな権限を有しているが、それ以外にも教育に関する以下の事務は首長の権限のもとに置かれている（地教行法第1条の3及び4、22条、私立学校法第4条）。

① 　大学に関する事務；公立大学の設置および管理に関すること

② 　私立学校に関する事務；大学と高等専門学校を除く私立学校の設置や廃止の認可等に関すること。なお、この権限は知事のみに与えられた権限である。

③ 　教育財政に関する事務；教育予算案を作成したり、公立学校の授業料に関する条例案を作成したり、教育財産を取得処分したり、教育委員会の所掌に関わる事項について契約を結ぶことなど。（地教行法24条、私立学校法4条）

④ 　総合教育会議の設置と大綱の策定；首長と教育委員会により構成される総合教育会議を設置し、招集する。総合教育会議において首長は教育委員会と協議し、教育の振興に関する施策の大綱を策定する。

3．教育委員会

（1）教育委員会の性格

　戦後教育改革における重要な改革の１つに、教育委員会制度の創設がある。1948（昭和23）年に制定された「教育委員会法」は、戦後の教育行政改革の理念である「教育行政の民主化（住民統制）」、「地方分権化（地方自治）」、「一般行政からの独立化」を制度化した法であると評価された。特にその最大の特徴は、教育が「国民全体に対し直接に責任を負って行われるべきであるという自覚のもとに公正な民意」（同法前文）を直接教育行政に反映すべきという考えに基づき、教育委員を住民の直接選挙で選ぶという公選制を採用したことにあった。

　しかしその後、地方自治体の財政赤字問題が浮上し、自治体行政の効率化の要請から教育委員会と首長部局の連携・調整の必要を求める声が高まったことと、教育委員選挙が委員会に政治的争いを持ち込むのではないかとの懸念の声が高まったことを受け、1956（昭和31）年に教育委員会法は廃止され、新たに「地方教育行政の組織及び運営に関する法律」が制定された。改正のねらいは、教育行政と一般行政の調和、教育の政治的中立の確保、国・地方の教育行政の一体化であり、これによって委員の選任方法はそれまでの公選制から任命制へと切り替えられた。根拠とする法律が替わったとはいえ、首長から相対的に独立した合議制の行政委員会である教育委員会制度の趣旨は踏襲されたことは注意すべきであろう。

　教育委員会（以下、委員会と略す）は、都道府県、市町村、ならびに地方公共団体の組合に置かれる。委員会は、それぞれの地方公共団体の教育行政を担う執行機関であり、地方公共団体の長に留保されているものを除いたすべての教育行政に関する事務をとり行う。

　委員会は、文部科学省、地方公共団体の議会、地方公共団体の長に対し、また都道府県教育委員会と市町村教育委員会との相互関係において、独立性を有する。それとともに、相互間の連絡調整を図り連絡を密にすることとされている（地教行法51条）。

　なお「教育委員会」は２つの意味で使われている。一つは狭義の意味で、教

育委員が集まって開く会議のことを指し、今一つは広義の意味で、委員会とその下の事務局も含めた全体を指す使い方である。狭義の意味の委員会は地教行法による改正以来その時々の要請に応じて色々と手直しが行われてきたが、次節で言及する2014（平成26）年の大幅な見直しの直前においては概略以下のような組織であった。

　委員会は原則として5人の委員で構成されるが、都道府県・市の場合は6人以上、町村では3人または4人とすることも認められていた。委員は首長が議会の同意を得て任命し、任期は4年とされていた。委員のうちから1名が互選で委員長の職に就く（任期1年）。委員長は会議を主宰し、委員会を代表する任を帯びていた。また委員長とは別に教育長という職があり、委員の中から委員会によって任命されることになっていた。教育長は委員会の権限に属するすべての事務をつかさどり、事務局の長として事務を統括し、所属職員を指揮監督するという重要な役割を担っていた。したがって、教育長は当該自治体の常勤の公務員の中から首長によって予め選任されているのが一般であり、委員会による任命行為は形式的なものであったと言えよう。なお教育長を除くその他の委員は非常勤の特別職という扱いであった。これらの委員たちが月1〜2回程度集まり公開の会議を開き、様々な教育課題につき意思決定を行っていたのである。

(2) 教育委員会制度の改正（2014年地教行法一部改正）

　教育委員会については、従来から、現行制度に批判的な立場の人々から次のような問題点が指摘されてきた。

　①名誉職化した教育委員が月1〜2回会議で協議する程度では、住民の意向を反映し地域の教育政策を立案するという本来期待されている役割は到底果たせない。②教育委員長と教育長のどちらが責任者か不明確であり、いじめ等の緊急を要する問題について、事務処理や行政執行が迅速にできない。③首長から相対的に独立しているものの、独立した権限や専門性が弱いため、自治体内部の横の連携・協力よりも、都道府県教育委員会や文部科学省との縦の関係を重視しがちで、結果的に教育行政の縦割りシステム（集権構造）の構築に一役

買ってしまっている。

　現行制度を支持する立場の人々からも委員会の現状を憂える声は強く、特に教育委員会の名誉職化や委員会会議が教育長および事務局からの提案を承認するだけの形式化されてしまっている点への不満が強かった。教育委員会が分権改革の時代にふさわしい役割を果たしていくためには、教育委員や教育長の選任方式やその活動のあり方が改めて検討されることが求められていたのである。

　そこで、21世紀の我が国にふさわしい教育体制を構築し、教育の再生を諮る使命を帯びて設置された「教育再生実行会議」が2013（平成25）年4月の第二次提言において、地方教育行政の権限と責任を明確にするため、首長が直接任命する教育長が教育行政の責任者として教育事務を行うことができるように、制度の見直しを行うことを提言した。これをうけて文部科学省は「地方教育行政の組織及び運営に関する法律の一部を改正する法律案」を国会に提出した（2014年1月）。法案は可決され（同年6月）、翌2015年4月から施行されることになった。

　新しい法律の趣旨は、教育行政の中立性を確保しつつ、地方教育行政における責任の明確化と、首長と委員会との連携の強化を図ることにある。主な改正点は、「A．新しい教育長の創設」と「B．総合教育会議の設置と大綱の策定」の2点である。

　A．新しい教育長の創設（地教行法第4、5、7、13条）
　教育行政の責任の所在を明確にするために以下のような改正が行われることになった。
　①　教育委員長と教育長を一本化した新たな責任者（新教育長）を置く。
　②　教育長は、首長が議会の同意を得て、直接に任命・罷免を行う。
　③　教育長は、委員会の会務を総理し、委員会を代表する。
　④　教育長の任期は3年とする。

　B．総合教育会議の設置と大綱の策定（地教行法第1条の3、4）
　首長と教育委員会の連携を図るために総合教育会議が設けられ、両者の協議

の上で教育の振興に関する施策の大綱が策定されることになる。

①　首長は総合教育会議を設ける。会議は首長が招集し、首長と教育委員会
　　により構成される。

②　首長は総合教育会議において、委員会と協議し、教育基本法第17条に規
　　定する基本的方針を参酌し、教育の振興に関する施策の大綱を策定する。

(3) 教育委員会の構成（地教行法第3〜5条、11〜14条）

　教育委員会は教育長と4人の教育委員（以下、委員と略す）で構成される。
ただし、都道府県や市の委員会では教育長と5人以上の委員、また町村の委員
会では2人以上の委員をもって構成することができる。

　教育長と委員は、当該地方公共団体の長の被選挙権を持ち、人格が高潔な上、
教育行政に関し識見を有するもの（教育長の場合）か、教育・学術・文化に関
し識見を有するもの（委員の場合）のうちから、地方公共団体の長が議会の同
意を得て任命する。任期は、教育長が3年で委員は4年である。再任も可能で

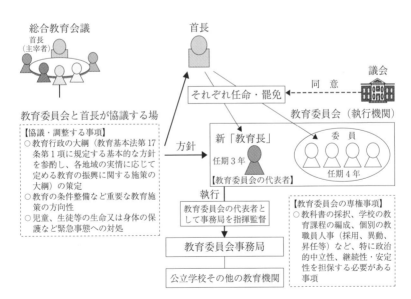

図5　教育委員会と総合教育会議
（自由民主党ホームページにある表を改変）

ある。身分は、教育長は常勤の、委員は非常勤の、特別職の地方公務員という扱いになる。

　教育における政治的中立性を確保する観点から、教育長と委員の任命にあたっては、委員定数に1を加えた数の2分の1以上が同一の政党に属することを禁じている。委員の構成については、年齢、性別、職業等に著しい偏りがないように配慮するとともに、委員に保護者を含むようにしなければならないことになっている。また教育長と委員は、教育行政の中立性と公正性を確保する観点から、地方公共団体の議員や常勤の職員との兼職が禁止されている。

　教育委員会の責任者は教育長である。教育長は教育委員会の会務を総理し、委員会を代表する。」（13条）。したがって委員会の会議は教育長が招集する。会議は過半数の委員の出席をもって開かれ、議決をすることができる。議決において可否同数の場合は、教育長の決するところによる。ただし、委員定数の3分の1以上の委員から会議の招集要請があった場合は、教育長は会議を招集しなければならない。会議の透明化を図る趣旨から、会議は原則として公開であり、会議終了後、教育長はすみやかに議事録を作成し、その公表に努めなければならないとされている。

（4）事務局（地教行法第17〜20条）

　教育委員会には、所管の事務を処理するため事務局が置かれる。その内部組織は教育委員会規則で定められる。教育長は委員会の会務を総理する職責を与えられていることから、委員会の権限に属するすべての事務をつかさどり、事務局の事務を統括し、所属職員を指揮監督する。都道府県教育委員会事務局は教育庁と呼ばれることが多く、いくつかの教育事務所を設置して所管の教育行政に当たっている。事務局には、指導主事、事務職員、技術職員その他の職員が置かれる。このうち指導主事は専門的教育職員であり、学校における教育課程や学習指導、生徒指導、職業指導、教材教具の取り扱い、教職員の研修等について適切な指導と助言を与えることを任務としている。指導主事は、これらの職務を遂行するために、学校から要請されて訪問する「要請訪問」と、教育委員会事務局の計画に基づいて訪問する「計画訪問」を必要に応じて行っている。

(5) 教育委員会の職務権限

　自治法は第180条の8において、「教育委員会は、別に法律の定めるところにより、学校その他の教育機関を管理し、学校の組織編制、教育課程、教科書その他の教材の取扱及び教育職員の身分取扱に関する事務を行い、並びに社会教育その他教育、学術及び文化に関する事務を管理し及びこれを執行する」と教育委員会の行政執行権を規定している。権限としての行政事務は地教行法第21条にさらに具体的に示されている。その主なものは以下のようである。

① 所管に属する学校その他教育機関の設置、管理、廃止。

② 教育委員会及び学校その他の教育機関の職員の任免その他の人事。

③ 学齢児童・生徒の就学及び生徒・児童・幼児の入学、転学、退学。

④ 学校の組織編制、教育課程、学習指導、生徒指導及び職業指導

⑤ 教科書その他の教材の取り扱い

⑥ 校舎その他の施設、教具、設備の整備

⑦ 校長、教員その他の教育関係職員の研修に関すること。

⑧ 同じく教育関係職員並びに生徒、児童及び幼児の保健、安全、厚生及び福利。

⑨ 青少年教育、女性教育及び公民館の事業その他社会教育。

⑩ その他、学校給食、スポーツ、文化財の保護、ユネスコ活動等々。

　このうち公立義務教育学校の教職員の人事管理は複雑な仕組みとなっているため本法で詳細に規定されている。すなわち、その身分と服務監督は市町村教育委員会に属するが（43条）、その任命権は、給与負担の実状（国が1/3、都道府県が2/3を負担。平成18年以前は1/2ずつの負担であった）や市町村を越える広域人事行政と研修の必要性もあって、都道府県教育委員会に属している（37条）のである。ただし、同一市町村内の転任については、市町村教育委員会の内申に基づき、都道府県教育委員会が行うものとされている（38条）。こうした仕組みを県費負担教職員制度という。

　以上のほか、教育委員会はその権限に属する事務に関し、教育委員会規則を制定することができる。規則には、委員会事務局の内部組織や学校の管理に関することや、所管する高等学校の通学区域の指定に関することなどが含まれて

いる。

第3節　分権改革と教育委員会

1．地方分権の推進

　日本国憲法が地方自治を宣言していることから、国と地方はあくまで対等の関係にあり、また都道府県と市町村においても、ともに独立した法人であって上下関係は原則としてない。しかしながら、基本的な教育制度の枠組みを定めたり、全国的な基準を設けたり、教育条件を全国的に整備したり、適正な教育事業が実施されるよう支援を行う等、地方公共団体の行政事務処理を支え教育事業の実施を援助していくことを通して、国民の教育を受ける権利を実質的に保障していくために、国が都道府県や市町村の教育行政に一定の関与を行うことは当然である。同様のことは、都道府県から市町村に対してもありえよう。

　とりわけ経済成長のための人材養成システムを文部省の強力な指導のもとに推進することを目的に1956（昭和31）年に「教育委員会法（旧法）」を廃止し、新たに「地方教育行政の組織及び運営に関する法律（地教行法）」を制定し、国－都道府県－市町村の円滑な関係の構築を目指した教育行政制度の改定が行われて以来、文部省が実質的に上位機関として都道府県や市町村の教育委員会を支配する中央集権的な体制が作り上げられたのである。この行政システムは、全国的統一性、公平性を重視し、わが国の経済発展に大きく貢献したが、1990年代に入ると生活の質の向上や個性的で多様な生き方を求める国民意識の高まりにともない、住民に身近なレベルで自主的な行政が推進できるシステムの構築、つまり地方分権の推進が強く求められ、制度の転換が図られていくことになった。

　その動きは衆参両院の全会一致による「地方分権の推進に関する決議」（1993年）に始まり、「地方分権推進委員会」の設置と続き、「地方分権推進法」の制定（1995年）を経て、地方自治法をはじめとする関係法律475件の改正、すなわち「地方分権の推進を図るための関係法律の整備等に関する法律（いわゆる

地方分権一括法）」の制定を見るにいたった（1997年、施行は2000年）。地方分権一括法の趣旨は、行政における国と地方公共団体の役割分担を明確にし、地方に国の事務を処理させてきた従来の制度を改め、国の関与を縮小し、住民に身近な行政はできる限り地方に委ねるべきであるとしたところにあった。

2．教育行政機関間の関係

　地方分権一括法における旧文部省関係の21件の法律の改正は、教育における国、都道府県、市町村の役割分担のあり方を見直すとともに、新たな連携協力体制を構築し、地域に根ざした主体的かつ積極的な地方教育行政の展開を図ろうとしたものと説明されている。従来あった教育行政機関間の規制関係における具体的変更点を以下に列挙する。

①　機関委任事務を廃止し、法定受託事務に変更する。

②　教育長の任命承認制度を廃止し、教育委員のうちから教育委員会が任命する。

③　文部大臣や都道府県教育委員会の措置要求権を廃止し、地方自治法の是正規定を適用する。

④　都道府県教育委員会から市町村教育委員会への事務の委任、委任事務に係る指揮監督の廃止。

⑤　市町村立高等学校の通学区域は市町村教育委員会が都道府県教育委員会と協議の上定める。

　このように国と地方の教育行政機関相互の関係については、従来設けられてきた多くの規制的関係が廃止され、残されたのは、地方自治の原則を尊重しながら、以下のような技術的な関係であった。

　A．指導、助言、援助

　地教行法第48条は「文部科学大臣は都道府県又は市町村に対し、都道府県委員会は市町村に対し、都道府県又は市町村の教育に関する事務の適正な処理を図るため、必要な指導、助言又は援助を行うことができる」と定めている。指

導・助言・援助とは、指示・命令という拘束力を持つ指揮監督とは異なり、事務の適正化・効率化を意図して行われる非権力的作用である。この規定により、指導・助言・援助は国や都道府県の権限でもなくまた責務でもなく、地方の教育行政の自立性を尊重しながら国や都道府県が主体的に判断して行う行為であり、それには法的拘束力がなく、それらへの対応は各地方公共団体の自主的判断に任されている、と理解することができる。

B. 調査の実施および資料・報告の要求

　文部科学大臣または都道府県教育委員会は、教育事務に関する指導・助言および援助のためや行政機関間の連絡調整のため、あるいは適切かつ合理的な事務の執行のために、地方の教育事務について必要な調査を行うことや、地方公共団体の長や教育委員会から必要な調査、統計その他の資料または報告の提出を求めることができる（地教行法53条、54条）。

　ところが、2006年に各地で起こったいじめによる自殺問題への教育委員会の対応の不手際から、教育委員会の問題処理の姿勢や自主的な問題解決能力に対する国民の不信が高まったことを受け、政府は2007（平成19）年6月に地教行法の一部を改訂し、以下のような場合に限り、文部科学大臣の教育委員会に対する是正措置の権限を復活させたのである。

　①　教育委員会の法令違反や怠りによって、生徒等の教育を受ける権利が明白に侵害されている場合、文部科学大臣は、教育委員会が講ずべき措置の内容を示して、地方自治法の是正の要求を行う。（49条）

　②　教育委員会の法令違反や怠りによって、「生徒等の生命又は身体の保護のため」緊急の必要があり、他の措置によってはその是正を図ることが困難な場合、文部科学大臣は、教育委員会に対し指示できる。（50条）

　そして、文部科学大臣は上記の行為をとった場合、当該地方公共団体の長及び議会に対して、その旨を通知することとされている。（50条の2）

　なお、上記②については、2014（平成26）年の法律改正によって、「児童・生徒等の生命又は身体の保護のため」の文言が「児童・生徒等の生命又は身体に現に被害が生じ、又はまさに被害が生ずるおそれがあると見込まれ、その被害

の拡大又は発生を防止するため」に改められた。その趣旨は、いじめ自殺等の事件発生後にあっても、同種の事件の再発を防止するために指示ができることを明確にすることにあるとのことである。

第5章
学校教育と教育行政機能

第1節　学校の設置

1．学校の設置者

　教育が公共の目的を持ち、公費負担において行われている以上、公的な管理を受けることは免れえない。現行法では、法律に定める学校の設置者を「国または地方公共団体の外、法律に定める法人のみ」に制限している（教基法第6条）。これは、「公の性質」を有する設置者のみが学校を設置できるという考え方にほかならず、私人が学校を設立する場合には、法律により公共性を担保された法人、すなわち私立学校法（以下、私学法と略す）に基づき設立された学校法人によらなければならない（私学法3条）。「学校教育法」（以下、学教法と略す）の第2条によると、国が設置する学校を国立学校、地方公共団体のそれを公立学校、学校法人のそれを私立学校と呼ぶことになっている。

　国立学校は、国立学校設置法によって設置される学校であり、文部科学大臣の所轄に属する。その大部分は国立大学であるが、これらは2004（平成16）年度に国の直接設置施設から国立大学法人が設置する施設へと、その姿を大きく変えられた。

　大学、高等専門学校以外の公立学校については、地方公共団体に設置が義務づけられている学校を除いて、都道府県教育委員会が設置認可を行う。公立の大学と高等専門学校の設置については、文部科学大臣の認可事項である（学教法4条）。

　私立学校を設置するについては、上述したようにまず学校法人設立の認可を受けなければならない。その申請には、目的、名称、事務所の所在地、役員に関する規定、資産および会計に関する規定、解散に関する規定などが記載されていなければならない（私学法30条）。学校法人は、民法法人（財団法人）と異なり、①私立学校の経営にあてるため収益を目的とする事業を行うことができ、②国または地方公共団体から私立学校教育に必要な助成を受けることができる（私学法26、59条）。私立学校の設置認可者は、大学と高等専門学校については文部科学大臣であり、それ以外の学校については都道府県知事である（学教法4条）。

　これらの学校設置者は、それぞれ設置する学校を管理し、その経費を負担することになっている（学教法5条）。このことを設置者管理主義、設置者負担主義という。

2．学校設置義務

　義務教育の学校に関しては、学校設置義務が法律で定められている。すなわち、小学校と中学校は市町村に、特別支援学校（盲学校・聾学校・養護学校）は都道府県に、それぞれ設置義務が課されている（学教法38、49、80条）。

　市町村は、その区域内の学齢児童生徒を就学させるに必要な学校を単独で設置することを原則とするが、市町村学校組合を設置してそれに学校設置を託したり、学齢児童生徒の全部または一部の教育事務を他の市町村等に委託することが認められている（学教法39、40条）。

　特別支援学校の設置を都道府県に義務づけたのは、対象児童生徒数の関係で市町村を設置単位とすることが困難であり、また一定水準の教育施設を設けるためには財政負担等の関係で都道府県を単位とすることが適当であるという現実

的事情からである。なお、盲学校・聾学校は1948（昭和23）年度から、養護学校は遅れて1979（昭和54）年度から義務教育となった。

3．学校設置基準

学校の設置基準は、学校の設置者が守らなければならない学校の設備・編制その他に関する基準であって、監督庁である文部科学大臣が学校の種類に応じて定めることになっている（学教法3条）。

学校の設置基準には、①「学校教育法施行規則」（以下、学教施規と略す）と、②それに基づき文部科学大臣が別に定める各学校設置基準とがある。

①の基準は、学校の目的を実現するために必要な施設・設備の種類や、学校の位置は教育上適切な環境に定めなければならないという総則的共通基準をはじめ、学校種ごとに学級編制、校務分掌、職員会議、学校評議員等の設備編制基準や、教育課程の編成、終了・卒業要件等の教育基準を定めている。

②はさらに具体的な基準であり、学校種ごとに定められている。小学校、中学校、高等学校、大学、短期大学、大学院、高等専門学校、幼稚園、専修学校の各設置基準と、単位制高等学校教育、高等学校通信教育、各種学校の各規程、そして、特別支援学校の高等部の学科を定める省令などである。

4．学校管理規則と学校の自主性

教育委員会が学校を管理するに当たり、その拠り所となっているのは学校管理規則である。学校管理規則は、各都道府県や市町村の教育委員会の管下の学校に対する管理に関わる規定であり、地教行法第33条に基づき制定される教育委員会の規則である。その本旨は、教育委員会と学校との関係、教育委員会と校長の職務権限、学校運営上の基本的事項等を定めるとともに、学校自体の独自性を明確にし、円滑な運営を図るところにあるとされている。すなわち、学校管理規則は教育行政機関と教育機関との関係を明示するねらいがあるものといえる。

　たとえば、札幌市立学校管理規則はその第 1 条で「この規則は、札幌市教育委員会の所管する市立学校の管理運営の基本的事項について定め、もって学校の適正にして円滑な運営を図ることを目的とする」と述べている。また第39条では、教育課程の届け出のことに関し「校長は、教育課程を編成したときは、これとあわせて、次に掲げる事項を教育長に届け出なければならない。①教育目標、②指導の重点、③学校行事等計画」と規定し、学校が主体的にその独自性を発揮できる余地を与えている。しかしながら、教育行政の上下関係と管理関係を強めることを意図した地教行法に基づいたものであるという性格上、学校管理規則は教育委員会の学校管理権を強め、学校の中における校長の管理者としての側面を明確化するものであったと指摘されている。

　21世紀における地方分権の推進、学校の自主性・自立性を確立させ、特色ある学校づくりを推進していくことを目指す教育改革の動向の中で、学校管理規則の大幅な改訂が提起されている。学校で行うことはなるべく学校の判断で決められるよう、学校に対する教育委員会の許可、承認、届け出事項を減らし、各学校において創意工夫が生かせるような自由裁量の余地を増やしていくことや、地域や学校の特性等に応じた学校管理規則を定めることができるようにしていくこと等の、規制緩和の推進が求められているのである。

第 2 節　学校の組織編制

1．学校規模と学級

(1) 学校の規模

　法令上、学校の規模について、小学校と中学校において標準規模が定められている。小学校の学級数は12学級以上18学級以下を標準とする。ただし、土地の状況その他特別の事情があるときは、この限りではない。また分校の学級数は、特別の事情がある場合を除き、5学級以下とし、前記の学級数に算入しないものとされている（学教施規41、42条）。中学校も小学校と同様に12学級以

上18学級以下を標準とするが、分校においては小学校の５学級とあるのを２学級と読み替えるものとされている（同79条）。

　また、公立の小学校と中学校については、学校を統合する際の基準として、①学級数がおおむね12学級から18学級までであり、②通学距離がおおむね４キロメートル（小学校）または６キロメートル（中学校）以内とし、この基準を満たした校舎等の新・増築に要する経費は２分の１が国庫負担となる（義務教育諸学校施設費国庫負担法３条、同施行令４条）。

(2) 学級編制

　公立学校の学級編制については、国の法規の具体的な標準に基づき都道府県教育委員会が基準を定め、その基準にしたがい当該学校を設置する地方公共団体の教育委員会が学級編制を行うという仕組みになっている。国の法規（公立義務教育諸学校の学級編制及び教職員定数の標準に関する法律）が定めるその大要は以下の通りである。

　学級は同学年の児童生徒で編制することを原則とするが、特別に事情があるときは複数の学年の児童・生徒を１学級に編制することができる。前者を「単式学級」、後者を「複式学級」と呼ぶ。また、小学校、中学校、および高等学校には、知的障害者、肢体不自由者、身体虚弱者、弱視者、難聴者、その他障害のある者のために特別支援学級を置くことができる（学教法81条）。小学校の１学級の児童数は、単式学級にあっては35人を、複式学級では16人（１学年を含んでいる場合は８人）、特別支援学級は８人を標準と定められている。一方、中学校においてはそれぞれ、40人、８人、８人とされている。また、特別支援学校の小学部・中学部にあっては６人が基準と定められている。

　高等学校の場合は、特別の事由がある場合のほか40人が標準である。特別支援学校の高等部においては８人を標準とされている（公立高等学校の適正配置及び教職員定数の標準等に関する法律）。

　なお、幼稚園においては１学級の幼児数は35人以下と定められている（幼稚園設置基準３条）。

2．高等学校の課程と学科

　高等学校には、教育の時間や方法の違いにより、全日制、定時制、通信制の課程がある（学教法53、54条）。また、課程を編成する単位として学科があり、①普通教育を主とする学科（普通科）、②専門教育を主とする学科（専門学科、かつての職業科）、③普通教育と専門教育の選択履修を旨として総合的に施す学科（総合科）、の3種がある（高等学校設置基準5、6条）。

　総合学科は1994（平成6）年に開設された新しい学科である。高等学校教育は1948（昭和23）年の新制高校発足以来、普通科と専門学科の2種類の学科の下で行われてきたが、生徒の学習の選択の幅を拡充することを目的に、両学科の教育内容を併せ持つ学科として総合学科が制度化された。そのセールスポイントとして、普通科目と専門科目にわたる幅広い選択科目の中から自分で科目を選択して学ぶことにより自らの個性を生かした主体的な学習が可能になることや、将来の職業選択を視野に入れた自己の進路への自覚を深めさせる学習を重視していること、などが指摘されている。文部科学省は総合学科に高等学校改革の中心的役割を期待し、その設置促進を図っている。2021（令和3）年度には全国で381校が設置されている（文部科学省「高等学校教育の現状について」令和3年）。

　高等学校は学年制をとっているが（学教施規27、65条）、学年制をとらないこともできる。その1つの形態が単位制である。単位制高等学校は、学年による教育課程の区分を設けず、かつ学年ごとの進級認定を行わず、卒業までに決められた単位を修得すれば卒業を認めるものであり、1988（昭和63）年度から定時制・通信制課程に導入され、1993（平成5）年度からは全日制課程にも設置された。単位制高等学校のメリットとして、生徒の幅広いニーズに応える多様な履修形態が可能になることや、学期ごとの入学・卒業、転・編入学の受け入れが可能となること、過去に修得した単位の累積加算が認められることなどが指摘されている。文部科学省は、総合学科と同様、今後さらに多くの単位制高等学校が設置されることを期待している。2021（令和3）年度には1,254校（うち全日制課程は655校）が設置されている（文部科学省「高等学校教育の現状につい

て」令和3年)。

このほか、従来の学科の枠にとらわれず、生徒の多様なニーズや社会の変化に柔軟に対応することを目的として、総合選択制高等学校や情報化・国際化等に対応したさまざまな新しいタイプの高等学校の設置、学科の新設・再編、コース制の導入など、特色ある学校づくりが奨励され、各地で推進されている。

3．教職員の種類と配置

学校には、校長及び相当数の教員を置かなければならない(学教法7条)。それらは配置義務の観点から、「必置なもの」、「特別の事情で置かないことができるもの」、「当分の間置かないことができるもの」、「任意配置のもの」の3区分に分けられる。そのあらましを表1に整理した。

小学校には、校長、教頭、教諭、養護教諭および事務職員が置かれなければならないが、教頭と事務職員は特別な事情があれば、置かないことができる(学教法37条)。その他必要な職員とは、副校長、主幹教諭、指導教諭、栄養教諭等が含まれる。学校には教務主任及び学年主任が置かれるが、それらは指導教諭または教諭をもって充てることができる(学教施規44条)。事務職員をもって充てる職として事務長や事務主任がある(学教施規46条)。これらを充当職という。また、教諭をもって充てる司書教諭については、これまで当分の間置かないことができるとされてきたが、2004(平成16)年度からは必ず置かなければならないことになった(学校図書館法第5条)。

中学校に置かれる教職員は、小学校に準ずるが、指導教諭または教諭をもって充てる職員として生徒指導主事や進路指導主事が加えられる(学教施規70条、71条)。

高等学校においては、2以上の課程(全日制、定時制等)を置くときには、それぞれの課程に教頭を置かなければならない(学教法61条)。教諭をもって充てる職員としては、中学校に置かれる教職員に加えて、2以上の専門学科を置く場合には学科主任が、農業科を置く場合には農場長が置かれる(学教施規81条)。また事務職員をもって充てる職に事務長がある(同82条)。

表1　学校に置く主な教職員とその職務

職　名	職　務	幼	小	中	高	根拠規定
校　　長（園長）	校務をつかさどり、所属職員を監督する	◎	◎	◎	◎	学教法27、28、37、49、60、62、69、70、82条
副校長（副園長）	校長を助け、命を受けて校務をつかさどる	△	△	△	△	〃
教　　　頭※1	校長、副校長を助け、校務を整理し、必要に応じ児童の教育をつかさどる	○	○	○	○	〃
主　幹　教　諭	校長、副校長、教頭を助け、校務の一部を整理し、児童の教育をつかさどる	△	△	△	△	〃
指　導　教　諭	児童の教育をつかさどり、他の職員に対して、教育指導の改善・充実のため必要な指導助言を行う	△	△	△	△	〃
教　　　　諭※2	児童の教育をつかさどる	◎	◎	◎	◎	〃
養　護　教　諭※2	児童の養護をつかさどる	△	▲	▲	△	〃
栄　養　教　諭	児童の栄養の指導及び管理をつかさどる	△	△	△	△	〃
事　務　職　員	事務に従事する	△	○	○	○	〃
助　　教　　諭	教諭の職務を助ける	△	△	△	△	〃
講　　　　師	教諭又は助教諭に準ずる職務に従事する	△	△	△	△	〃
養　護　助　教　諭	養護教務の職務を助ける	△	△	△	△	〃
実　習　助　手	実験又は実習について、教諭の職務を助ける				△	学校法60条
技　術　職　員	技術に従事する				△	〃
寄　宿　舎　指　導　員	寄宿舎における児童、生徒又は幼児の日常生活上の世話及び生活指導に従事する		※3			学校法第79条
司　書　教　諭※4	学校図書館の専門的職務を掌る	◎	◎	◎	◎	学校図書館法5条
学　　校　　医	学校における保健管理に関する専門的事項に関し、技術及び指導に従事する	◎	◎	◎	◎	学校保健安全法23条
学　校　歯　科　医	〃	◎	◎	◎	◎	〃
学　校　薬　剤　師	〃	◎	◎	◎	◎	〃
その他必要な職員		△	△	△	△	学教法27、37、49、60、69、82条

◎：必ず置く　○：特別な事情があるときは置かないことができる　△：置くことができる　▲：養護をつかさどる主幹教諭を置くときは置かないことができる
※1：副校長を置くときは、置かないことができる
※2：特別の事情があるときは教諭に代えて助教諭又は講師を、養護教諭に代えて養護助教諭を置くことができる（高校を除く）
※3：寄宿舎を設ける特別支援学校に置かなければならない
※4：主幹教諭、指導教諭又は教諭をもって充てる職（政令で定める規模以下の学校には当分の間置かないことができる）

　なお、学校には、このほか、学校医、学校歯科医、学校薬剤師を置くものとされている（学校保健安全法23条）。

　教職員の配置に関しては、その概括的な基準について小・中学校の場合、2003（平成15）年度までは学校法規則の規定により、小学校では校長のほか各学級に専任の教諭1人以上を置くこと、中学校では1学級当たり2人の教諭を置くことが基準とされていた。しかし、この点についても、小学校と中学校の学校設置基準が制定されたことにより、2004年度からはともに1学級当たり1人以上の教諭を置くことが新しい基準として適用されることになった（中学校設置基準6条）。なお、教職員の大部分を占める公立学校の教職員定数の具体的な標準は「公立義務教育諸学校の学級編制及び教職員定数の標準に関する法律」と「公立高等学校の適正配置及び教職員定数の標準に関する法律」によって定められており、小・中学校については学校規模ごとに学級総数に法定係数を乗じて、高等学校については生徒数による課程の規模ごとに法定係数を乗じて算出されることになっている。

4．校長の補助機関

（1）職員会議

　高等学校以下の学校には、学校運営上の基本的で重要な事項を審議する組織として職員会議が置かれている。職員会議はわが国の学校の基本的組織として重要な役割を果たしてきたが、その権限や役割に関して長年にわたって法令上特段の規定はなされず、学校における慣行として慣習法的に位置づけられてきた。成文法上の規定がなかったために、その法的性質（機能）については諸説があった。以下代表的な説を挙げる。

　①　議決機関説－職員会議を学校の意思決定機関とし、校長もその決定には従わねばならないとする立場。

　②　諮問機関説－学校経営の最終的意思決定権は校長にあるが、その運営にはできる限り職員会議で表された教育職員の意思を尊重すべきとする立場。

　③　補助機関説－校長には学校経営の責任者としての全権があり、教職員は

校長の監督を受けて校務を分担する校長の補助者であるとし、職員会議は意見や情報交換の場として校長の校務を助ける内部的な機関であるとする立場。

　ところが、2000（平成12）年の「学校教育法施行規則」（学教施規）の改正により、その設置が初めて規定された。第48条は「小学校には、設置者の定めるところにより、校長の職務の円滑な執行に資するため、職員会議を置くことができる。②職員会議は、校長が主宰する」と定め、法改正の趣旨を解説する事務次官通知において、「校長が主宰する」とは、「校長には、職員会議に必要な一切の処置をとる権限があり、校長自らが職員会議を管理し運営するという意味である」と明記していることから、このたびの法改正は、職員会議の補助機関としての位置づけを明確にし、校長のリーダーシップの名の下、校長の権限の強化を図ろうとする施策であったといえよう。

　そうはいっても、実際の学校運営において職員会議が果たしている役割は多岐にわたっている。学校によって必ずしも一様ではないが、以下のような事項が一般的である。①校長の諮問に教職員の意見をとりまとめ、答えること、②教育目標や年間計画などを協議し、共通理解を図ること、③情報交換を通して、学校全体としての調整を図ること、④校長の方針や教育委員会の通知等を伝達し、趣旨の徹底を図ること、⑤教職員の意見等を校長に伝達すること、⑥研究や研修の成果を交流しあい、教師としての知見を広めること。教育課程の編成、校務分掌の決定、教育評価、児童・生徒の懲戒など、学校の教育活動の多くは教職員集団の専門性に基づいて自律的に行われることが望ましい。こうした領域の検討と調整については職員会議が中心的機関として機能すべきである。校長には教職員集団のリーダーとして、熟練した知識と技術に基づき教職員に専門的な指導と助言を行うことが強く求められよう。

（2）学校評議員制度

　2000（平成12）年の学校教育法施行規則の改正によって創設されたもう一つの制度が学校評議員制度である。これは、学校が保護者や地域住民の信頼に応え、家庭や地域と連携協力して、一体となって子どもたちの健やかな成長を図っていく観点から、より一層地域に開かれた学校づくりを進めていくべきとした、

1998（平成10）年の中央教育審議会答申『今後の地方教育行政の在り方について』の提言を受けて制度化されたものである。

　第49条の規定や事務次官通知などから、学校評議員制度は以下のような内容を有する制度である。①教育委員会の判断により学校（小学校、中学校、高等学校、中等教育学校、特別支援学校、幼稚園）に置くことができる。したがって、人数や任期なども教育委員会が定める。（私立学校の場合は学校法人が行う。）②学校評議員は、当該学校の職員以外で教育に関する識見と理解のある者の中から、校長の推薦により教育委員会が委嘱する。③学校評議員は、校長の求めに応じ、学校運営に関し意見を述べることができる。意見を求める事項は校長が判断する。

　学校評議員制度の導入により、校長が学校運営に当たり、学校の教育目標の設定や地域との連携の進め方などに関し、保護者や地域住民の意見を聞くとともに、その理解や協力を得て、特色ある教育活動を主体的かつ積極的に展開するとともに、学校運営について学校としての説明責任を果たしていくことができるようにすることが期待されている。

　文部科学省の調査によると、2011（平成23）年度において学校評議員を設置している国公私立の学校は全体の70.4%に達しているとのことである。しかしながら、この制度にはいくつかの問題点も指摘されている。例えば、評議員は校長の推薦に基づき選任されるため校長の単なる応援団になってしまうのではないかとの懸念や、校長は評議員の意見に拘束されないため制度が形骸化する可能性があるとの指摘など、本当の意味で地域住民に「開かれた学校」を実現する保障とはならないのではないかという批判があがっている。このようなことから、学校評議員の制度目的をより積極的に達成せんがために新しく制度化されたのが「学校運営協議会制度」である。

（3）　学校運営協議会制度（コミュニティ・スクール）

　コミュニティ・スクールおよび学校運営協議会の構想は、2000年に内閣総理大臣の私的諮問機関として発足した「教育改革国民会議」の議論において浮上してきた。同会議の最終報告『教育を変える17の提言』において地域が運営に

参画する「新しいタイプの学校」の設置が提案された。この提言は中央教育審議会に引き継がれ、2004年の答申『今後の学校の管理運営の在り方について』において具体化され、同年の地方教育行政の組織及び運営に関する法律（地教行法）の一部改正（第47条の5の追加）によって法制化された。

　学校運営協議会制度の趣旨は、学校と地域社会との連携協力や、地域に開かれた信頼される学校作りを実現するため、保護者や地域住民が一定の権限を持って公立学校の運営に参画できるようにするところにある。同制度の特徴を以下列挙する。①教育委員会が学校を指定して学校運営協議会を設置し、その委員は地域住民や保護者等から教育委員会が任命する（校長や教職員も教育委員会の判断で委員となることが可能）。②指定された学校の校長は、教育課程の編成など学校運営の基本的方針を作成し、学校運営協議会の承認を受けなければならない。③学校運営協議会は教職員の任用に関して任命権者である教育委員会に意見を述べることができ、教育委員会はその意見を尊重して教職員を任用する。④学校運営協議会の運営に関して必要な事柄は、教育委員会が規則で定める。

　学校評議員制度との対比の観点から見ると、評議員は一人ひとりの責任において意見を述べる制度であるのに対し、運営協議会は合議制の組織であるという、制度上の根本的相違点以外に、図6に示したような違いがある。なお、学校運営協議会制度には、地域運営学校の指定や委員の任命が教育委員会の専権事項であり地域住民の意思が直接反映される仕組みになっていない点や、児童・生徒たちの参加が想定されていないこと、学校評議員制度との関係が不明確であること等、様々な問題点が指摘されている。実際の運用レベルでこれらの問題点をどのように解決していくのかがこれからの課題であるといえる。なお文部科学省の調査によると2018（平成30）年4月1日現在、コミュニティ・スクールの指定を受けている学校は、前年から1,832校増え、全国で5,432校にのぼり、着実に普及しつつあるとのことである。

●保護者や地域の皆さんの意見を学校運営に反映する「学校運営協議会」を設置可能とするため、「地方教育行政の組織及び運営に関する法律」の一部を改正。平成16年9月9日より施行。

図6　コミュニティ・スクールのイメージ

第3節　教育内容行政

1．教育課程の法制

(1) 教育課程とは

　文部科学省が発行する「中学校指導書－教育課程一般編－」では、教育課程とは「学校教育の目的や目標を達成するために、教育の内容を生徒の心身の発達に応じ、授業時数との関連において総合的に組織した学校の教育計画である」と定義されている。教育目標を達成するためには、知識・技能・態度などにわたるさまざまな指導がなされなければならない。これら教育目標に沿って組織的に教育内容を配列した学校の全体計画が教育課程であり、それは社会情勢の変化、児童生徒の経験や思考様式の変容などにともない改善が図られていくものである。

　教育課程は、戦前においては教科課程（小学校）や学科課程（中等学校、専門学校）の語が使用され、現在「特別活動」と呼ばれる教科外の課程を含ま

いものとして扱われてきたが、今日では、学校の教育機能への期待が高まるとともに、教科外の活動も学校教育の重要な一環として位置付けられ、教科外活動をも含め学校の教育活動のすべての領域を包含するものとされている。

(2) 教育課程の国家基準

　「学校教育法」（学教法）は第33条において、小学校の教育課程に関する事項は文部科学大臣が定めるとしている。中学校、高等学校においても同様である（48、52条）。

　この委任に基づき、文部科学大臣は「学校教育法施行規則」（学教施規）において教育課程についての規定を設けている。すなわち、第50条において「小学校の教育課程は、国語、社会、算数、……体育及び外国語の各教科、特別の教科である道徳、外国語活動、総合的な学習の時間並びに特別活動によって編成するものとする」と定めているのである。続く第52条では「小学校の教育課程については、この節に定めるもののほか、教育課程の基準として文部科学大臣が別に公示する小学校学習指導要領によるものとする」と規定し、学習指導要領が教育課程の基準であることを明言している。

　学習指導要領は、戦後の教育の民主化の中で1947（昭和22）年に初めて発行されたものである。初版は文部省著作の私文書の形式（試案）で発表され、その序文において発行の目的は教師の教材研究のための手引きを提供することにあると明言しているように、当初は指導助言的性格が強く、国家基準としての性格は十分に備わっていなかった。しかるに、1958（昭和33）年に学校教育法施行規則の規定がそれまでの「教育課程の基準として文部大臣が公示する小学校学習指導要領の基準による」との文言から「文部大臣が公示する小学校学習指導要領によるものとする」に改められ、文部省の公式見解として法的拘束力が主張されるようになった。

　学習指導要領の法的拘束性に関しては批判的見解もあり論議のあるところであるが、最高裁の判断は、教育の機会均等と一定水準の維持という目的のために全国的な大綱的基準としての性格を認め、そのような学習指導要領を定めることは必要かつ合理的な基準の設定として是認できるとし（最高裁判決、昭和

51年5月21日)、さらに法規としての性質を有することも是認しているのである（最高裁判決、平成2年1月18日）。学習指導要領は国家的基準であるので、あくまでも大綱的なものであるべきであって、細目については教育委員会や現場の学校・教師の創意工夫に委ね、弾力的に運用されるべきものであろう。

（3）教育課程の地方基準

　教育課程編成の法的枠組みとして、以上の国家的基準の他に、都道府県および市町村の教育委員会が、それぞれの所管に属する各学校の教育課程の編成、実施についての管理権限を有している（地教行法21条）。これらの教育委員会では、所管に属する学校の教育課程編成に際しての地方基準を作成し、それに基づく各学校の対応を求めている。また教育委員会は、地教行法第33条1項の規定に基づき、いわゆる学校管理規則を制定し、編成された教育課程の取り扱いについて定めている。この場合、学校で編成された教育課程を教育委員会に届け出るように定めているのが普通である。

　2．教育課程の編成と実施

（1）編成の主体

　学習指導要領は「各学校においては、法令およびこの章以下に示すところに従い、生徒の人間として調和のとれた育成を目指し、地域や学校の実態および児童の心身の発達段階や特性等を十分考慮して、適切な教育課程を編成するものとする」と、教育課程の編成主体は各学校にあることを明記している。この場合、学校とは校長以下の教職員のことをいい、それらは一体となって編成に当たるべきものであるが、校長は学校を代表し、所属職員を監督する職務にあることから、編成の責任者は校長であると解するのが妥当であろう。

　編成権限が学校にあるからといって、学校は無制約に自由に教育課程を編成できるものではないことはいうまでもない。法規や学習指導要領にしたがわなければならないことはもちろんとして、その他地域や学校の実態、児童生徒の発達や特性などを考慮して具体的に編成されるべきものである。学校が教育課程

を編成するに当たって必ず考慮に入れなければならない法規としては、日本国憲法、教育基本法（教基法）、学校教育法（学教法）、学校教育法施行規則などがある。とりわけ、教育の根本目的と目標を示している教基法の第1条および第2条、教育の政治的と宗教的中立性原則を示した第14条および15条、さらに各学校段階の目的と目標を示す学教法の諸規定（義務教育；21条/小学校；29、30条/中学校；45、46条/高等学校；50、51条）が重要である。

　また今日の教育課程行政の課題の一つに、教育課程の編成をめぐっていかに特色ある学校づくりの具体化を図るかということが挙げられる。特色ある学校の核となるものはその学校ならではの教育課程であり、特色ある学校づくりと教育課程の編成は表裏の関係にあるといえよう。各学校においては、地域の実態や要望、児童生徒の特性を考慮に入れつつ、特色ある学校づくりに資する教育課程をいかに主体的に編成していくのかということが問われているのである。

（2）教育課程の領域（学校教育法施行規則）

①　小学校

　小学校の教育課程は、各教科、特別な教科である道徳、外国語活動、総合的な学習の時間、特別活動の5領域で編成される。教科は、国語、社会、算数、理科、生活、音楽、図画工作、家庭、体育及び外国語であり、私立の学校にあっては道徳に代え宗教を加えることができる（50条）。これら各教科や領域の授業時数は、学年別に年間の標準時間が定められている。年間の総授業時間数は、4年生以降の高学年では1,015時間であり、1単位時間は45分である（51条）。また、学習指導要領によれば、年間35週以上にわたって行うよう計画すべきとされている。

　なお教育課程編成の特例として、必要があれば一部教科につき合科授業ができること（53条）と、教育課程改善のための研究を行うために特に必要があり、かつ児童の教育上適切な配慮がなされていると文部科学大臣が認める場合には、上記の原則によらなくてもよいこと（55条）が認められている。

② 中学校

中学校の教育課程も小学校と同様、各教科、特別の教科である道徳、特別活動、総合的な学習の時間の4領域で編成される（72条）。中学校における年間総授業時間数はすべての学年において1015時間であり、1単位時間は50分である（73条）。

なお、私立学校における宗教の取り扱い、教育課程改善の取り組みにおける特例扱いは小学校に準じている（79条）。

③ 高等学校

高等学校の教育課程は、各教科に属する科目、特別活動、総合的な探究の時間の3領域で編成される。教科と科目の対応関係は別表（略）に示されており（83条）、科目の標準単位および履修方法は学習指導要領に示されている。高等学校においては年間の授業時数は明記されていない。代わりに、校長は生徒の高等学校における全課程の終了を認めるに当たっては74単位以上を修得した者に行うという規定がある（96条）。学習指導要領によれば、単位については、1単位時間を50分とし、35単位時間の授業を1単位として計算することになっている。また、高等学校においては、学年による教育課程の区分を設けないことができ、そのような高等学校を単位制高等学校と呼んでいる（103条）。

(3) 学年・学期・授業日・休業日（学校教育法施行規則）

学校の学年は、4月1日に始まり翌年3月31日に終わる（59条等）。ただし、高等学校においては次のような例外がある。一つは、通信制の課程ではこの規程が適用されないことことであり（101条）、いま一つは、修業年限が3年をこえる定時制の課程では最終学年に限り9月30日に終わることができることである（104条）。

学期は、公立学校については当該学校を設置する都道府県または市町村の教育委員会が（学教施令29条）、私立学校については当該学校の学則で定めることになっている（62条）。

休業日とは授業を行わない日のことをいうが、次のような定めとなっている。

公立学校については、国民の祝日、日曜日、土曜日およびその学校を設置する地方公共団体の教育委員会が定める夏季・冬季・学年末・農繁期等の休業日を、私立学校においては当該学校の学則で定める日を休業日とする（61、62条等）。このほかに、非常事変やその他急迫の事情があるときは、校長は臨時に授業を取りやめることができる。この場合、公立学校にあっては教育委員会に、私立学校にあっては都道府県の知事に、校長はその旨を報告しなければならない（63条等）。また、感染症予防上の必要から、学校の設置者が臨時に休業することができるとする定めがある（学校保健安全法20条）。休業日は児童・生徒にとっては授業のない日すなわち休日であるが、教職員にとっては祝日と土・日曜日などを除いて必ずしもそうでない。

　休業日以外の日はすべて授業日である。学習指導要領は、小学校、中学校、高等学校ともに年間35週以上にわたって行うよう指示している。なお、特別の必要があって休業日に授業を行う場合（例えば、祝日や土・日曜日に運動会や学芸会を行うなど）、その代わりに授業日を休業日に振り替えることについては、形式的には学校管理機関である教育委員会の権限として実施されるが、実際には校長に権限を委任し、それについて教育委員会の承認ないし認可を受けさせるか、または届け出させている例が多い。授業日における授業の終始時刻は校長が定めることになっている（60条等）。校長は、季節や通学距離、交通事情等を考慮して適切に定めることを求められているのである。

3．教科書と補助教材

(1) 主たる教材としての教科書

　教科書は、教科の指導目標を達成するために、教科内容を精選し、配列した図書である。それはまた、学習指導要領に盛られた事項に関連する教科内容を組織的、系統的に編成したもので、教科の指導において中心的な教材としての役割を果たしている。

　「教科書の発行に関する臨時措置法」は第2条で教科書を「小学校、中学校、高等学校、中等教育学校及びこれらに準ずる学校において、教科課程の構成に

応じて組織排列された教科の主たる教材として、教授の用に供せられる児童又は生徒用図書であつて、文部科学大臣の検定を経たもの又は文部科学省が著作の名義を有するものをいう」と定義している。法令上の用語では、教科書と教科用図書の2つの言葉が用いられているが、その意味するところは同義である。

　教科書は公教育である学校の教育活動において重要な役割を果たすものであるから、従前から強い規制を受けてきた。明治の初年期こそ便宜的な取り扱いの下に置かれていたが、以後教育制度の整備にともない認可制、検定制などを経て、1902（明治36）年には国定教科書制度が採用された。戦後の教育の民主化に沿い、1949（昭和24）年から検定教科書の使用が再び認められることになった。また1962（昭和37）年には「義務教育諸学校の教科用図書の無償に関する法律」が制定され、文字通り義務教育の教科書が無償で給付されることになったのは画期的なことであった。

　学教法第34条は「小学校においては、文部科学大臣の検定を経た教科用図書又は文部科学省が著作の名義を有する教科用図書を使用しなければならない」と規定する。この規定は中学校、高等学校等においても準用されているので、検定教科書は学校教育の主たる教材として、学校において使用が義務づけられているのである。

　ただし、教科書の使用義務に関して、以下2つの特例が認められている。1つは、高等学校、中等教育学校の後期課程、特別支援学校並びに特別支援学級では、検定教科書以外の教科書を使用することができる（学教法附則9条）。また、小・中学校の特別支援学級では、検定教科書を使用することが適当でない場合には、設置者の定めるところにより、他の適切な教科書を使用することができる（学教施規139条）。

(2) 教科書の検定

　教科書の検定とは、文部科学大臣が申請のあった図書を教科用として適切であると認めた場合、教科書としての資格を与えることである。教科書の検定は「教科用図書検定規則」の定めるところにより、学校段階ごとの教科用図書検定基準に基づき行われる。検定の対象となるものは、法令に示されている教育目

的に一致しているか、政治や宗教について公正な立場をとっているか、学習指導要領の定める教育課程の基準に基づいているか、等のいわゆる内的事項と、用紙、活字、製本、価格などの適否に関する、いわゆる外的事項とがある。昭和30年代以降、検定は厳格かつ煩雑に行われてきたが、臨時教育審議会第3次答申（1987）が教科書供給体制をより開放的なものにすべきとの指摘したことをうけ、教科用図書検定規則ならびに基準が大幅に改正され、さらに最近の学習指導要領の改訂と中央省庁の再編を踏まえて、手続きの大幅な簡素化が進められた。

　検定の大まかな手続きは次のように進められる。①図書の発行者等は文部科学大臣に検定の申請をする。②大臣は検定の決定または検定審査不合格の決定を行い、その旨を申請者に通知する。ただし、必要な修正を行った後に再審査することが適当である場合には、決定を保留し検定意見を申請者に通知する。③上記②の通知を受け、検定意見に従って修正したものが提出された場合、大臣は申請図書について検定または検定審査不合格の決定を行い、申請者に通知する。以上を経て検定合格の決定を受けた申請者は、図書として完成した見本を文部科学大臣に提出する。

（3）教科書の採択と給付

　学校で使用する教科書を決定することを教科書の採択という。その権限は、公立学校の場合はその学校を設置する市町村や都道府県の教育委員会にある。国立・私立学校にあっては校長にあるとされている。このことは、個々の教師には教科書を自ら選択する権限は認められていないということである。

　義務教育学校の教科書採択については「義務教育諸学校の教科用図書の無償措置に関する法律」によって定められている。以下その大まかな手順を見ていこう。義務教育諸学校の教科書採択の方法は「広域採択」と呼ばれる方式がとられている。すなわち、都道府県教育委員会が市もしくは郡の区域またはこれらの区域を併せた地域の単位を「教科用図書採択地区」として設定し、その地域内の使用教科書を統一しようとするものである。採択地区設定の権限は都道府県教育委員会が有しているが、その設置や変更に関して都道府県委員会は市町村教育委員会の意見を聞くこととされている。都道府県教育委員会は適切な

教科書採択を保証する目的で、採択の対象となる教科書について調査・研究するために教科用図書選定審議会を設け、同審議会の調査・研究結果をもとにして選定資料を作成し、これを採択権者である市町村委員会に送付し、指導と助言を行わなければならない。他方で、都道府県委員会は毎年7月に教科書展示会を開き、採択関係者の調査・研究の便宜を図る。採択地区内の市町村教育委員会は採択地区協議会を設け、これらの資料を参照し、また独自の調査・研究を行った上で、1教科につき1種類の教科書を採択する。また、採択された教科書は4年間変更することができない。国は義務教育諸学校で使用する教科書を購入し、学校の設置者に無償で給付し、設置者は校長を通じて児童・生徒に給与する。

(4) 補助教材

　教科書以外の補助教材の適切な使用は、効率的な授業のために不可欠であるといえる。このため学教法第34条は「教科用図書以外の図書その他の教材で、有益適切なものは、これを使用することができる」と、その使用を認めている。

　補助教材には、大別して、教科書の発行されていない教科・科目等で主たる教材として使用されるものと、教科書を補充するために使用されるものとがある。前者は一般に準教科書と呼ばれ、後者には参考書、学習帳、地図、図表等がある。

　補助教材の選定は、それを使用する学校の校長と教員が行うが、教育委員会への届け出またはその承認が必要である（地教行法33条）。この場合、教育委員会の学校管理規則では、準教科書など教育的価値が高いものや父兄への経済的負担が大きいものについては承認制とし、参考書や学習帳などは届け出制としている例が多い。なお、教科書検定で不合格となった図書を教材とすることはできない。

第4節　生徒の管理と非常事態への対応

1．懲戒と体罰

（1）懲戒

〔学校教育法第11条〕
　校長及び教員は、教育上必要があると認めるときは、文部科学大臣の定めるところにより、児童、生徒及び学生に懲戒を加えることができる。ただし、体罰を加えることはできない。

　児童生徒の懲戒について学校教育法（学教法）は「校長及び教員は、教育上必要があると認めるときは、文部科学大臣の定めるところにより児童、生徒及び学生に懲戒を加えることができる。ただし、体罰を加えることはできない。」（11条）と定めている。そして、この規定を受け同法施行規則（学教施規）第26条がその内実を具体的に定めている。

〔学校教育法施行規則第26条〕
　校長及び教員が児童等に懲戒を加えるに当っては、児童等の心身の発達に応ずる等教育上必要な配慮をしなければならない。
　②　懲戒のうち、退学、停学及び訓告の処分は、校長（大学にあっては、学長の委任を受けた学部長を含む。）がこれを行う。
　③　前項の退学は、公立の小学校、中学校又は特別支援学校に在学する学齢児童又は学齢生徒を除き、次の各号のいずれかに該当する児童等に対して行うことができる。
　一　性行不良で改善の見込がないと認められる者
　二　学力劣等で成業の見込がないと認められる者
　三　正当の理由がなくて出席常でない者
　四　学校の秩序を乱し、その他学生又は生徒としての本分に反した者
　④　第2項の停学は、学齢児童又は学齢生徒に対しては、行うことができない。

　懲戒には法的効果を伴う「処分としての懲戒」と、叱ったり罰当番を与えるなどの「事実行為としての懲戒」の2種がある。後者の懲戒は担任教師である

か否かを問わず学校に配置されているすべての教員が加えることができる。どのような場合にどのような手段を持って懲戒を行えばよいかについては明確な法規定がなく、校長および教員の自由裁量に任されているといえるが、実際に懲戒を行うにあたっては、学教施規第26条が定めるように児童生徒の心身の発達に応じるなど、教育上必要な配慮をしなければならない。

　他方「処分としての懲戒」としては、学教施規第26条は退学、停学、訓告という、3つの種類をあげている。「事実行為としての懲戒」はすべての教員が行うことが可能であるが、これらの「処分としての懲戒」は校長のみに認められている行為であることに留意する必要がある。

　児童生徒の懲戒に関して留意すべき今1点は、その適用対象の制限についてである。たとえば、「退学」処分は公立の小学校及び中学校や特別支援学校の小・中学部児童生徒（＝義務教育の学齢児童生徒）には適用できない。しかし、国立と私立の小・中学校や公立でも中等教育学校の前期課程の児童生徒に対しては、退学措置を講じることが許されている。これは、これらの学校・課程を退学させられても、その受け皿として公立の小・中学校への就学が可能であるからである。しかし、「停学」処分については、義務教育下にある学齢児童生徒に対しては国公私立を問わずいずれの学校においても行うことが認められていない。

（2）出席停止

　前項で述べたように小・中学校の児童生徒に対しては国公私立の区別なくすべての学校で「停学」処分を行うことはできない（学教施規26条）。また、「停学」に類似した「事実上の懲戒」としての「自宅謹慎」や「自宅学習」を命じることも、それらが「停学」と同等の効力を有するものであるとみなされているので、禁じられている。ただし、国立と私立の学校においては、このような目に余る児童生徒に対しては、「退学」処分を行うことが可能である。しかし、公立学校では「退学」処分が認められていないことは、前項で見てきたとおりである。

　しかし、言うまでもなく学校は児童生徒が安心して学ぶことができる場でなけ

ればならない。そのため「学校の秩序を維持し、他の児童・生徒の義務教育を
受ける権利を保証するという観点」（文部省初等中等教育局長通知、昭和58年
12月5日）から、「停学」とほぼ同様の効果を持つ「出席停止」措置を公立の
小・中学校に認めている（国立、私立の学校は対象外）。

〔学校教育法第35条〕

　市町村の教育委員会は、次に掲げる行為の1又は2以上を繰り返し行う等性行不良
であつて他の児童の教育に妨げがあると認める児童があるときは、その保護者に対し
て、児童の出席停止を命ずることができる。
　一　他の児童に傷害、心身の苦痛又は財産上の損失を与える行為
　二　職員に傷害又は心身の苦痛を与える行為
　三　施設又は設備を損壊する行為
　四　授業その他の教育活動の実施を妨げる行為
　②　市町村の教育委員会は、前項の規定により出席停止を命ずる場合には、あらか
じめ保護者の意見を聴取するとともに、理由及び期間を記載した文書を交付しなけれ
ばならない。
　③　市町村の教育委員会は、出席停止の命令に係る児童の出席停止の期間における
学習に対する支援その他の教育上必要な措置を講ずるものとする。

　学教法第35条は出席停止の発動要件として、①性行不良であること、②他の
児童・生徒の教育に妨げがあると認められること、の2点をあげている。「性向
不良」の具体的行為として、a. 他の児童に障害、心身の苦痛又は財産上の損失
を与える行為、b. 職員に傷害又は心身の苦痛を与える行為、c. 施設又は設備を
損壊する行為、d. 授業その他の教育活動の実施を妨げる行為、の4点を示し、
それらの一つ又は二つ以上を「繰り返し行う」場合は、市町村教育委員会が
「出席停止を命じることができる」と規定している。

　このように、出席停止は就学義務とも関わる重大な措置であるため、校長で
はなく市町村の教育委員会の権限事項とされているが、その行使においては校
長の意見を十分尊重することとされている。また、出席停止は保護者に対して
命じられるもの（＝したがって、児童生徒に対する懲戒ではない）であるので、
事前に保護者の意見を聴取するとともに、「理由及び期間を記載した文書」を交
付することが義務付けられているのである。また教育委員会は、出席停止中の

児童・生徒に対して、その期間内の学習支援その他教育上必要な措置を講じなければならない。

（3）体罰

　学教法第11条はただし書きで「事実上の懲戒」の限界として、体罰を明文で禁止している。体罰の定義については旧法務庁が示した見解（「児童懲罰権の限界について」昭和23年）が行政解釈として一般に採用されている。それによると「体罰とは、懲戒の内容が身体性質的なもの」であるとし、身体に対する侵害を内容とする懲戒（殴る、蹴るの類）だけでなく、被罰者に肉体的苦痛を与えるような懲戒（長時間にわたる端座や起立等）もこれに該当するとしている。

　しかし、教師による有形力（目に見える物理的な力）を伴う懲戒はどこまで体罰に該当するかどうかの判定は必ずしも簡単ではない。そこで文部科学省は平成19年に『問題行動を起こす児童生徒に対する指導について』の通知を出し、その別添文書（「学校教育法第11条に規定する児童生徒の懲戒・体罰に関する考え方」）において体罰の範囲に関する見解を公表した。それによると、有形力の行使による懲戒は必ずしもそのすべてが体罰として許されないというものではないとし、懲戒行為が体罰に当たるかどうかは「当該児童生徒の年齢、健康、心身の発達状況、当該行為が行われた場所的及び時間的環境、懲戒の様態等の諸条件を総合的に考え、個々の事案ごとに判断する必要がある」とする。一方、有形力の行使以外の懲戒について、以下の様な行為は通常体罰に当たらないとしている。

　　○放課後に教室に残留させる（ただし、用便に行かせないや食事時間を過ぎても長く留め置くことは体罰に当たる）

　　○授業中、居室内で起立させる

　　○学習課題や清掃活動を課す

　　○学校当番を多く割り当てる

　　○立ち歩きの多い児童生徒を叱って席につかせる

また、正当防衛による有形力の行使は体罰に該当しないことも示している。

　体罰を行った教師に対しては、刑事上の責任、民事上の責任そして行政上の

責任という3つの責任が問われることになる。刑事上の責任は主に「暴行罪」（刑法第208条）や「傷害罪」（同204条）に関わるものである。民事上の責任はいわゆる損害賠償請求というかたちをとる。体罰の民事裁判では、公立学校教師の場合、基本的に国家賠償法が適用され、採用者である都道府県教育委員会や服務監督権者である市町村教育委員会が被告となり、賠償責任を負う形式となる。一方、行政上の責任は、公立学校の教師の場合、任命権者である都道府県教育委員会から体罰を禁止した学教法第11条の違反を理由として、懲戒処分を科されることになる。

2．学校の保健と安全

　学教法第12条は「各学校においては、別に法律で定めるところにより、幼児、児童、生徒及び学生並びに職員の健康の保持増進を図るため、健康診断を行い、その他その保健に必要な措置を講じなければならない」と規定している。ここにいう別に定める法律が「学校保健安全法」（以下、学保健安全法と略す）である。学保健安全法は「学校保健安全法施行令」（学保健安全施令）と「学校保健安全法施行規則」（学保健安全施規）の2つの下位法規をしたがえて学校における保健と安全に関する事項を定めている。以下、担任教師として最低限心得ておくべき事柄を概説する。

　学校においては、児童生徒および職員の健康を保持し増進させるためには、綿密な保健計画が立てられ、その計画に基づいて保健に関する事業が実施されなければならない（学保健安全法5条）。その中心にあるのは健康診断である。健康診断については、市町村教育委員会が実施する就学時の健康診断と、学校が毎年定期にまたは臨時に実施する児童生徒の健康診断、そして学校の設置者が実施する職員の健康診断がある（同11、13、15条）。児童生徒に対する定期健康診断は毎学年6月30日までに行わなければならない（学保健安全施規5条）。その検査項目や方法については学保安法施規に具体的に指示されている。健康診断を行った結果に基づいて、治療を指示し、運動や作業を軽減するなど、それぞれ適切な措置が講ぜられる。

感染症の予防措置を行うことは校長の任務である。例えば、感染症の患者や被疑者を発見した時には、学校医に診断させ、当該児童生徒の出席停止や消毒等の措置をとらなければならない（学保健安全施規21条）。出席停止の指示は、理由・期間を明示して、小・中学校にあっては児童生徒の保護者に、高等学校にあっては生徒本人に対して行い、その旨を学校の設置者に報告しなければならない（学保健安全施令6、7条）。なお、学校において予防すべき感染症の種類や出席停止の期間については学保法施行規則に具体的に規定されている。このような予防措置にも関わらず、感染症が蔓延した場合、学校の設置者は必要に応じて学校の全部または一部を臨時休業にすることができる（学保健安全法20条）。

第6章
教育職員の身分・服務・研修

第1節　任用と身分保障

1．教育職員の定義

　教職員または教育職員の語は教員と職員を合わせた呼称であり、一般に、直接学校の教育活動に従事する者は教員であり、学校の事務、技術などに携わる者は職員と区別される場合が多いが、これらの定義は法令上一定して用いられているわけではない。

　学校教育法をはじめ多くの法令は、「校長及び教員」というように、校長と教員を区別しているが、教育基本法第9条の「法律に定める学校の教員は、自己の崇高な使命を深く自覚し、絶えず研究と修養に励み、その職責の遂行に努めなければならない。」にある教員は、校長も含むと解されている。

　「教育公務員特例法」（以下、「教特法」と略す）でいう教育公務員とは、国公立学校の校長、教員、教育委員会の教育長および専門的教育職員等をさしているが、同法で教員という場合は、教頭、教諭、助教諭、養護教諭等のことであり、校長や教育委員会の職員は含まれていない。

　以下では、直接に教育活動に従事する者を、校長等も含めて教育職員と定義

し、その人事に関わる事項を取り上げることにする。

2．任　用

　任用とは、特定の人を特定の職や地位につけることをいい、これには採用・昇任・降任・転任の方法がある。採用とは新たに特定の人を職につけることであり、昇任とは、助教諭から教諭へ、教諭から教頭へというように、現在特定の職にある人をその上位の職につけることである。また、降任とは昇任の反対の場合であり、転任とは他の職に任命することであり、昇任・降任のいずれでもない。転任は必ずしも本人の同意を必要とするものではないが、後で述べる不利益処分に関わることから、通常本人の承諾を得て発令が行われている。

　採用と昇任については、一般の公務員の場合原則として競争試験によって行われることになっているが（地方公務員法17条）、教育公務員についてはその職務の特殊性に鑑み、選考によることになっている（教特法11条）。

　選考とは、「競争試験以外の能力の実証に基づく試験の方法」のことであり（国家公務員法36条）、それは試験によるものでなくともよく、職務遂行の能力があるかどうかを一定の基準によって判定することである。教育公務員の採用・昇任を競争試験によるのではなく選考によるとしたのは、これらの者は免許状を所有していることからその資質が実証されていること、また教育という職務の特殊性によるからであるといわれている。なお、私立学校教員の採用・昇任については、それぞれ学校の独自の方法による。

3．任命権者

　国立学校教育職員の任命権者は文部科学大臣であるが、学長に任命権が委任されることもある。公立学校教育職員の任命権者は、その学校を所管する教育委員会である（地教行法34条）、市町村立義務教育諸学校等に勤務する、いわゆる県費負担教職員については都道府県教育委員会である（同37条）。教育公務員の採用に当たって、任命権者を都道府県教育委員会に、選考権者をその教育長

に振り分けていることの趣旨は、採用過程での「選考」を重視し教員の適切な選任を期するとともに、国家権力による統制を排し教育者の自治を確保することにあるといわれている。私立学校教育職員の場合は、学校の設置者である学校法人と考えられるが、特に規定はない。

　県費負担教職員についての都道府県教育委員会の任免に当たっては、市町村教育委員会の内申を待って行われ、さらに校長は所属職員の任免や進退に関する意見を市町村教育委員会に申し出ることができる。なお、県費負担教職員の転任の場合、市町村委員会の責任を一層重視する趣旨から、都道府県委員会は原則的に市町村委員会の内申に基づきその転任を行うことになっている（同38、39条）。

4．資　格

　教育職員になるためには2つの要件がある。第1は消極的な資格要件というべきもので、欠格事由として定められた事項に該当する場合は教育公務員になることができないとする要件である。第2の要件は積極的資格要件ともいうべきもので、教育職員に採用されるに必要な能力や資格を所有しているという要件である。

（1）欠格事由

　学教法第9条は、次のいずれかに該当する者は校長又は教員になることができないとする。①成年被後見人又は被保佐人、②禁錮以上の刑に処せられた者、③免許状失効の日から3年を経過しない者、④免許状取り上げ処分を受けた日から3年を経過しない者、⑤日本国憲法又はそのもとに成立する政府を暴力で破壊することを主張する政党その他政治団体を結成し、又は加入した者。この欠格事由は、国・公・私立いずれの学校においても適用される。

　国立と公立の学校の教育職員の場合、上記に加えさらに国家公務員法（38条）または地方公務員法（16条）の欠格事由が加わる。学教法の欠格事由と内容的にはほぼ同じであるが、懲戒免職の処分を受けた日から2年を経過しない者、と

いう事項が新たに付け加えられている。

(2) 免許状（教育職員免許法第3、4、5、9条）

　高等学校以下の教育職員として採用されるための資格要件の1つとして、「教育職員免許法」（以下、免許法と略す）の規定による免許基準を満たしたうえ各相当の免許状を所有している必要がある。戦後の教員免許制度は「大学における教員養成」と「免許状授与の開放制」を基本理念とし、専門職としての教職の確立という視点から免許状主義を徹底させようとした点に特徴がある。免許状には普通免許状と特別免許状および臨時免許状の3つの種類がある。

　普通免許状は、大学を卒業した等の基礎資格を有しかつ大学等で所定の単位を修得した者または教育職員検定に合格した者に授与される。これはさらに基礎資格に応じ、修士の学位を有する者の専修免許状、学士の学位を有する者の一種免許状、準学士の学位を有する者の二種免許状の3種に分かれる。普通免許状はすべての都道府県において効力を有する。

　特別免許状は、都道府県の教育委員会が、専門知識や社会的信望・識見等を有する者について教育職員検定を行い、合格した者に授与される。これは学校教育の多様化にともない幅広い人材を教育界に誘致するためという趣旨で、社会人が学校の教壇に立てるために導入されたものである。臨時免許状は、普通免許状を有する者を採用することができない場合に限り、教育職員検定に合格した者に授与される。特別免許状と臨時免許状は、それを発行した都道府県においてのみ有効である。臨時免許状のみ有効期限が定められており、授与された時から3年間と限られている。ただし、相当期間普通免許状を有する者を採用することができない場合に限り、都道府県教育委員会の規則で有効期間を3年延長することができる。

　いずれの免許状についても、授与権者は都道府県の教育委員会である。

5．教育職員の職務

　学校には、教育目的を達成するのに必要な人的要素として、以下のような教職員が配置されることになっている。（p.97の表1を参照。なお、以下の規定は特記無き場合はすべて学校教育法の条項である。）

①　校長

　校長は「校務をつかさどり、所属職員を監督する」（37条4項）ことを職務とし、教諭の専修免許状または一種免許状を有し、かつ5年以上教育に関する職にあることが任用資格とされてきたが、2000年1月の同規則の改正により、免許状を有しない者でも「教育に関する職に10年以上あったこと」（学教施規20条2項）を任用資格として付け加えられた。さらに民間から幅広く人材を吸収する目的のため、教育に関する職に就いていなかった者であっても「同等の資質を有すると認める者」（同上22条）を校長として任命することができるようになった。これらの措置は、子どもの実態や地域の実情に応じた個性的な教育活動を展開するために、幅広く人材を確保することができるよう資格要件を緩和したものである。

②　教頭

　教頭は「校長を助け、校務を整理し、及び必要に応じ児童の教育をつかさどる」（37条7項）ことを任務としている。2000年の学校教育法施行規則の改正後も、校長とは異なり、民間人を教頭に採用することはできなかったが、2006年に再び同規則の改定が行われ、教頭についても校長と同様に民間人を登用できるよう、資格要件が緩和された（学教施規23条）。

③　教諭

　教諭は「児童の教育をつかさどる」（37条11項）ことを職務とし、任用には普通免許状または特別免許状を有することが法定されている。教諭の職務には、教科指導という直接的な教育活動だけでなく、教育活動に関連する事務、たとえ

ば指導要録の記入や内申書の作成なども含まれている。

④　助教諭・講師

　特別の事情があるときは、教諭にかえて助教諭または講師を置くことができる（37条18項）助教諭の職務は「教諭の職務を助ける」（37条15項）ことで、その資格は臨時免許状であるが、実態において教諭と同様の職務を果たしていることが多く、多分に補充的な役割を担っている。

　講師は「教諭又は助教諭に準ずる職務に従事する」（37条16項）ことを職務とし、常時勤務に服しないことができる点が助教諭と異なるが、実際は定数内講師など臨時的任用に講師の職名が利用されているのが実態である。

⑤　養護教諭・養護助教諭

　養護教諭は「児童の養護をつかさどる」（37条12項）ことを職務とし、相当の免許状を有することの免許資格が定められている。職務内容は、学校医、学校歯科医の指導監督のもとに、疾病の予防措置、救急業務、保健・衛生についての指導・助言などを行う。小学校、中学校、特別支援学校では必置職員であるが、例外規定があるため小学校や中学校では未設置の学校がある。

⑥　副校長、主幹教諭、指導教諭

　教育基本法の改正を踏まえ、学校教育の充実を図るとともに、学校運営および指導体制の充実を図る目的で、2007年6月に学校教育法が一部改正され、幼稚園や小・中・高等学校に副校長、主幹教諭、指導教諭の職を新たに置くことができるようになった。その資格や任用方法、具体的な機能等については2008年4月からの施行までの間に整備していくとのことであるが、その職務については第37条に、次のように規定されている。「副校長は、校長を助け、命を受けて校務をつかさどり、校長に事故があるときはその職務を代理し、校長が欠けたときはその職務を行う。」（5，6項）、「主幹教諭は、校長（及び副校長）及び教頭を助け、命を受けて校務の一部を整理し、並びに児童の教育をつかさどる。」（9項）、「指導教諭は、児童の教育をつかさどり、並びに教諭その他の職員に対

して、教育指導の改善及び充実のために必要な指導及び助言を行う。」（10項）

6．分限・懲戒と不利益処分の救済

　いったん教員の身分を得た後には、全体の奉仕者として職責の遂行に従事するためには、身分が保障される必要がある。しかし、その責任を十分に果たすことができない場合は、意に反して不利益な身分上の変動をともなう処分が行われることがある。それには分限処分と懲戒処分の2種がある。

（1）分　限

　分限とは身分保障の限界を意味し、「地方公務員法」（以下、地公法と略す）は教育公務員の分限処分として降任、免職、休職、降給の方法を規定している（28条）。休職とは、教育公務員の身分を保有させながら、一時その職務から排除するため職務に従事させないことである。免職とは、特定の職にある者をその意に反してその職から解くこと（退職）をいう。

　降任または免職ができる事由として、①勤務実績がよくない場合、②心身の故障のため職務の遂行に支障があり、またはこれに堪えない場合、③その職に必要な適格性を欠く場合、④職制もしくは定数の改廃または予算の減少により廃職・過員が生じた場合、の4点が挙げられている。また、休職にする事由としては、①心身の故障のため、長期の休養を要する場合、②刑事事件に関し起訴された場合、の2点が挙げられている（28条）。

（2）懲　戒

　懲戒とは任命権者が職員の義務違反に対する制裁として科する処罰であり、懲戒処分には戒告、減給、停職、免職がある（29条）。分限処分が職務の能率の維持と向上を目的とするのに対し、懲戒処分は公務員の義務違反の責任を追及するものである。戒告は義務違反の責任を確認し、将来を戒めるものであり、停職はその職を保有させながら職務に従事させないことである。免職は職員の身分を失わせるものであるという点では分限の免職とは同じであるが、その取り扱

いにおいて分限免職と懲戒免職では大きく異なる。

　懲戒処分が行われる事由として、①法令等に違反した場合、②職務上の義務に違反し、または職務を怠った場合、③全体の奉仕者としてふさわしくない非行のあった場合、の3点が挙げられている（29条）。

(3) 身分保障

　教育公務員は、全体の奉仕者として、自己の使命を自覚し、その職責の遂行に努めなければならないが、そのためには自己の身分を保有する権利を備えている。公務員は法令等に定める事由による場合でなければ、正当の理由がないのに本人の意に反して分限処分や懲戒処分を受けることのないように、国家公務員法や地公法により、その身分が保障されている（27条）。

　本人の意に反して不利益処分を受けたときは、その救済制度がある。すなわち、本人の意に反する分限もしくは懲戒処分を行う場合は、処分者すなわち任命権者は、本人に処分事由を記載した説明書を交付しなければならない。この場合、被処分者は、国立学校教員の場合は人事院に、公立学校教員の場合は人事委員会または公平委員会に、不服申し立てをすることができる。人事委員会等はその事案を調査し、処分の承認、修正、取り消しなどの措置を行わなければならない（49、50条）。

　なお、私立学校の教職員に対して不利益処分が行われた場合には、労働組合法の定めるところにより、労働委員会への申し立てを行い、救済を求めることができる。

7．指導力不足教員の人事管理

　国民的関心を集めた学力低下論争と並行して、教育改革を通して質の高い公教育を保証していくという目標を達成するためには避けて通ることができない課題として、指導力不足教員への対応問題が浮上してきた。この問題への対応の必要性を指摘した政府関係文書の初出は1988年の中教審答申（『今後の地方教育行政の在り方について』）であった。答申は「適格性を欠く教員等への対応に

ついて適切な人事上の措置をとること」を提言した。さらに1999年の教育職員
養成審議会の第3次答申では「教員としての適格性を欠くと認められるにいた
った者については、教育委員会において継続的に観察、指導を実施し、適切に
研修を行う体制を整えるとともに、他に適切な職種があれば本人の希望も踏ま
えて転職について配慮」するよう検討することを求めた。こうした提言を受けて
文部省（当時）は、平成12（2000）年度より「指導力不足教員に対する人事シス
テムに関する調査研究」を実施したのち、全都道府県に対して平成15年度から
17年度の間において可及的速やかに教員評価システムの改善を図るよう求めた。

　一方、首相の私的諮問機関であった「教育改革国民会議」もその最終報告書
（2000年）で、「効果的な授業や学級運営ができないという評価が繰り返しあっ
ても改善されないと判断された教師については、他職種への配置換えを命ずる
ことを可能にする途を拡げ、最終的には免職などの措置を講じる」ことを提言
した。これら各種の審議会等の提言を受け、2001年に地教行法の一部が改正さ
れ、児童・生徒に対する指導が不適切な公立小・中学校等の教員（県費負担教
員）についての転職措置が可能となった。同法は、転職の要件として、①児童・
生徒に対する指導が不適切であること、②研修等必要な措置が講じられたとし
てもなお児童・生徒に対する指導を適切に行うことができないと認められるこ
と、の2点を挙げ、都道府県教育委員会に対し両要件に該当する者を免職した
上で、教員以外の職に採用することを可能にしたのである（47条の2）。

　さらに、指導力不足教員の指導の改善を図るための研修の実施に関わる規定
を整備する目的で、2007年6月に「教育公務員特例法」が改正され、指導が不
適切な教員の人事管理の一層の厳格化が図られている。改正（25条、25条の2
の追加）の要点をあげれば以下のようになる。

　①　公立学校教員の任命権者は、指導力不足と認定した教員に対して、その
能力・適性に応じた「指導改善研修」を実施しなければならない。

　②　指導改善研修の期間は1年以内とする。ただし、特に必要な場合は2年
を超えない範囲内で延長することができる。

　③　任命権者は、指導改善研修の終了時において、研修受講者の指導力の改
善状況について認定を行う。

④　指導力不足教員の認定および指導改善研修後の結果の認定においては、教育や医学の専門家や保護者などの意見を聞かなければならない。

⑤　任命権者は、研修終了時の認定においても、指導が不適切であると認定した者に対して、免職その他の必要な措置を講じなければならない。

第2節　服　務

1．服務とその監督

(1) 服務の根本基準

　服務とは一般に組織の中で守るべき基本的な規律や義務をいう。公務員の場合、憲法第15条に規定されている「全体の奉仕者」という基本的な性格の上に、地公法第30条で「公共の利益のために勤務し、且つ、職務の遂行に当つては、全力を挙げてこれに専念しなければならない」と根本基準が定められている。教育公務員としての教職員についてはさらに、教特法に「教育を通じて国民全体に奉仕する教育公務員」（1条）と規定されている。

　以上の諸規定から、教職員は「国民全体の奉仕者」として、自己の使命を自覚し、公共の利益（子ども1人ひとりの利益と教育のもたらす社会的利益）のために、全力を挙げて自らの職務の遂行に当たらなければならないのである。

(2) 服務義務の種類と監督者

　公務員の服務義務は「職務上の義務」と「身分上の義務」に大別される。職務上の義務とは、勤務時間を中心として職員が職務遂行上遵守しなければならない義務のことであり、身分上の義務とは、勤務時間を問わず職員が公務員の身分を有する限り遵守しなければならない義務のことである。国立学校の教職員は国家公務員法（国公法）において、公立学校教職員は地公法において規定されている。私立学校教職員については、学校法人の就業規則等に公務員の規定とほぼ同様の内容が定められていることが多い。

　服務の監督は、一般に任命権者が行う。したがって、国立学校教職員にあっては文部科学大臣、公立学校教職員にあっては任命権者である教育委員会が、それぞれ監督者である。ただし、市町村立学校の県費負担教職員の場合、任命権者は都道府県教育委員会であるが、服務監督者は市町村教育委員会とする特例がある（地教行法43条）。

2．職務上の義務

(1) 服務の宣誓義務

　公務員の場合、憲法を尊重し擁護すること、服務義務を守ることを公に誓う服務の宣誓をしなければならない（地公法31条）。その様式は条例で定められているが、公立学校教員の場合、辞令交付時か着任時に校長の前で宣誓書を読み上げ、署名、捺印するのが通例である。

```
　　　　　宣　誓　書

　私は、ここに主権が国民に存在す
ることを認める日本国憲法を尊重し、
かつ、これを擁護することを固く誓
います。
　私は、教育の本旨を体するととも
に公務を民主的、かつ、能率的に運
営すべき責務を深く自覚し、全体の
奉仕者として誠実、かつ、公正に職
務を遂行することを固く誓います。
　　　年　　　月　　　日
　　　氏名　　　　　　　㊞
```

図7　宣誓用紙

(2) 法令等および上司の職務上の命令に従う義務

```
〔地方公務員法第32条〕
　職員は、その職務を遂行するに当つて、法令、条例、地方公共団体の規則及び地方
公共団体の機関の定める規程に従い、且つ、上司の職務上の命令に忠実に従わなけれ
ばならない。
```

　地公法第32条は、職員は職務を遂行するに当たっては法令、条例、規則および規程に、また、教育委員会や校長などの上司の職務上の命令に従わなければならない義務を負うと規定している。

　公立学校教員は法令、条例のほか、教育委員会規則である学校管理規則に従わなければならないことはいうまでもない。上司とは、身分上、職務上の指揮監

督権を持つ上級者のことである。校長、教員の身分上の上司は任命権者である
教育委員会であり、職務上の上司は、校長の場合は教育委員会、教員の場合は
校長、副校長、教頭、主幹教諭、教育委員会である。

(3) 職務に専念する義務

〔同第35条〕
　職員は、法律又は条例に特別の定がある場合を除く外、その勤務時間及び職務上の
注意力のすべてをその職責遂行のために用い、当該地方公共団体がなすべき責を有す
る職務にのみ従事しなければならない。

　地公法第35条は、職員は勤務時間中にあってはその注意力のすべてを職責遂
行のために用いなければならないこと、すなわち職務専念義務を規定している。
ただし、法律や条令に特別の定めがある場合、例外的にその義務は免除される。
特別の定めには、教員の特例として、本務の遂行に支障がないと任命権者が認
める時には、教育に関する他の職を兼ねたり、教育に関する他の事業や事務に
従事したりすることができることがある（教特法17条）。その他の特別の定めと
しては、選挙権その他公民としての権利を行使する場合、非常災害その他不可
抗力の場合、専ら職員団体の業務に従事する場合、研修を受ける場合などが挙
げられる。

3. 身分上の義務

(1) 信用失墜行為の禁止

〔同第33条〕
　職員は、その職の信用を傷つけ、又は職員の職全体の不名誉となるような行為をし
てはならない。

　地公法第33条は、職務の内外を問わず、またその行為の故意・過失を問わず、
公務に対する信頼を裏切ることのないようにするために、職員に信用を失墜す

るような行為を行わないよう規定している。

　信用失墜行為に関しての具体的規定はないが、地公法第29条に、懲戒事由の
1つとして「全体の奉仕者たるにふさわしくない非行」が挙げられているので、
これが信用失墜行為と同等の概念と見なすことができよう。教職員は、社会的
に見て倫理性の高い職業であるので、自らの行為に対する「信用」について一
般社会からより厳しい目で問われることが多い。したがって、教職員は、法を
犯す行為はいうまでもなく、法に触れなくとも社会的に非難を受けるような行為
については、厳しく慎まなければならない。

（2）秘密を守る義務

〔同第34条〕
　職員は、職務上知り得た秘密を漏らしてはならない。その職を退いた後も、また、
同様とする。
2　法令による証人、鑑定人等となり、職務上の秘密に属する事項を発表する場合に
おいては、任命権者（退職者については、その退職した職又はこれに相当する職に係
る任命権者）の許可を受けなければならない。

　地公法第34条は、職員は職務上知り得た秘密を漏らしてはならない義務、す
なわち守秘義務を負うことを定めている。守秘義務が課されている秘密事項と
しては、公的なものに学校の定期試験問題や実施前の入試問題、未発表の入試
成績などがあり、個人的なものに児童生徒の学業成績、調査書、指導要録の記
載内容、家庭環境に関する調査票の記載内容などがある。

　これらの秘密については、職についている間はもちろん、職を離れてからも他
に漏らしてはならない。守秘義務に違反したときには、現職の場合は懲戒処分
の対象となるほか、1年以下の懲役または50万円以下の罰金に処せられる（地
公法60条）。なお、裁判等において、法令に基づく証人や鑑定人となり、職務上
の秘密に属する事項を発表する場合には、任命権者の許可を必要とする。

（3）政治的行為の制限

〔同第36条〕
　職員は、政党その他の政治的団体の結成に関与し、若しくはこれらの団体の役員と
なってはならず、又はこれらの団体の構成員となるように、若しくはならないように
勧誘運動をしてはならない。

　公務員には、全体の奉仕者であることから政治的中立が要請され、政治的行
為について厳しい制限が加えられている（国公法102条、地公法36条）。地方公
務員は国家公務員に比べてその制限は緩和されているが、教員に関しては、そ
の職務と責任の特殊性から、教特法第18条によって、地方公務員である公立学
校教員は国家公務員と同等の規制を受けるとされている。

　国公法第102条に規定されている政治的行為の制限は、政党または政治目的の
ために寄付金を求め、受領し、それに関与し、人事院規則で定める政治的行為
をすること、公選による公職の候補者となること、政党その他の政治団体の役
員や顧問等になることであり、人事院規則（14-7）がさらに具体的な定めを
行っている。

（4）争議行為等の禁止

〔同第37条〕
　職員は、地方公共団体の機関が代表する使用者としての住民に対して同盟罷業、怠
業その他の争議行為をし、又は地方公共団体の機関の活動能率を低下させる怠業的行
為をしてはならない。又、何人も、このような違法な行為を企て、又はその遂行を共
謀し、そそのかし、若しくはあおってはならない。

　地公法第37条は、職員が地方公共団体の機関が代表する使用者としての住民
に対して、同盟罷業、怠業その他の争議行為やそれの教唆、扇動を禁止してい
る。これらの禁止行為に違反したときには、3年以下の禁錮または100万円以下
の罰金に処せられる（地公法62条の2）。

　ただし、警察職員と消防職員以外の地方公務員は、管理職を除き自らの勤務
条件の維持改善を図るために「職員団体」を結成することができ、人事委員会

または公平委員会に申請し登録された職員団体は、地方公共団体当局と給与、勤務時間その他の勤務条件等について交渉することができる（地公法52、55条）。

(5) 営利企業等の従事制限

〔同第38条〕
　職員は、任命権者の許可を受けなければ、……営利を目的とする私企業を営むことを目的とする会社その他の団体の役員その他人事委員会規則（人事委員会を置かない地方公共団体においては、地方公共団体の規則）で定める地位を兼ね、若しくは自ら営利企業を営み、又は報酬を得ていかなる事業若しくは事務にも従事してはならない。

　本来、公務員は「全体の奉仕者」としての性格から、公共の福祉に基づいて営利企業等に従事することが大幅に制約されることは当然のことである。地公法第38条は、任命権者の許可を受けなければ、原則として、営利企業の役員を兼ねること、自ら営利企業を営むこと、または報酬を得ていかなる事業、事務にも従事することを禁じている。したがって、公務員としての身分を有する公立学校の教員も、原則として営利企業における職を兼職することは禁じられている。しかし、教育公務員の場合は、教特法第17条によって「兼職の制限」に関して特例が認められている。すなわち、教育に関する他の職との兼職や他の事務に従事すること等が本務の遂行に支障がないと任命権者が認める場合は、教育公務員は給与を受けてそれらの職や事務に従事することができるのである。この特例規定は、教育公務員が教育に関する他の職を兼職することが職務の遂行をより意味あるものにするという趣旨で設けられたものであるので、教育とは無関係の兼職に関しては地公法の一般原則が適用されることはいうまでもない。

第3節　研　修

1．研修の意義と機会

〔教育公務員特例法第21条〕
　教育公務員は、その職責を遂行するために、絶えず研究と修養に努めなければならない。
　2　教育公務員の研修実施者は、教育公務員の研修について、それに要する施設、研修を奨励するための方途その他研修に関する計画を樹立し、その実施に努めなければならない。
〔同第22条〕
　教育公務員には、研修を受ける機会が与えられなければならない。
　2　教員は、授業に支障のない限り、本属長の承認を受けて、勤務場所を離れて研修を行うことができる。
　3　教育公務員は、任命権者の定めるところにより、現職のままで、長期にわたる研修を受けることができる。

　児童生徒の教育をつかさどる者としての教員の専門性は、大学での教育（教職課程）のみで十分に高められるものではない。教育という行為は、その時々の社会情勢や個々の子どもたちの置かれた状態等に応じて具体的な形でしか行われえず、したがって、教員としての専門性も教職についてからの不断の努力によって次第に高まっていくものととらえる必要がある。教育公務員特例法（教特法）が第21条において「教育公務員は、その職責を遂行するために、絶えず研究と修養につとめなければならない」と規定しているのはその趣旨からである。

　一方、任命権者は、教育公務員に研修の機会を保障し、また研修を奨励するための研修計画を立て、その実施に努める責務を負っている。さらに、教員は、授業に支障のない限り、本属長（学長、校長、園長等）の承認が得られれば、勤務場所を離れて研修することや、任命権者の定めるところにより現職のまま長期研修を行うことも認められている（教特法21、22条）。

　このように、教育公務員の研修については「義務」としての側面よりも教員

の「自主性」や「主体性」を重視する法規定がなされている。これは、教育活動が子どもとの直接的な交渉を前提とする極めて人間的な営みであることから、研修においても教員の自主性を最大限尊重することが必要だと考えられたからである。

2．初任者研修制度

　1988（昭和63）年に教特法が改正され、初任者研修制度が創設された。これは、臨時教育審議会第2次答申（1986年）の提言を受け、新採用教員に対しての実践的指導力の養成、使命感の涵養、幅広い知見の修得をねらいとして生み出されたものである。初任者研修とは、任命権者である都道府県・指定都市教育委員会が新規採用教員に対して1年間にわたって行う実践的な研修のことであり、教諭の職務の遂行に必要な事項を修得させることをねらいとするものである（同23条）。初任者研修の実施に当たっては、任命権者（県費負担教職員にあっては市町村教育委員会）によって、初任者が勤務する学校の副校長、教頭、主幹教諭、指導教諭、教諭または講師の中から指導教員が任命される。

　初任者研修は、文部科学省の助成を受けて任命権者の教育委員会が実施するが、研修の種類としては、週10時間以上（年間300時間以上）の校内研修と約25日間の校外研修がある。

　なお、初任者研修制度の義務づけにともない、教育公務員の条件付き任用期間は公務員全般に共通の6ヶ月から1年間へと延長された（同12条）。

3．研修の体系化

　教員はその職責遂行のために絶えず研究と修養（研修）に努めなければならない。そしてその研修は、自主的研修を主体としつつも、任命権者（行政）は教員の職能成長を図るため体系的な研修計画を樹立する責務がある（同22条の4）。このため、都道府県・指定都市の教育委員会は、初任者研修後も5年目、10年目、20年目等の教職年数に応じた研修を実施している。このうち10年目の

研修に関しては、2002年の教特法の改正により、任命権者には十年経験者研修を実施することが義務づけられ、2003年度から実施されていたが、現在は中堅教諭等資質向上研修に代わられている（同24条）。また、これらとは別に、主任研修（教務主任研修、生徒指導主事研修など）や校長・教頭研修など、職能に応じた研修も実施されている。

　先にも指摘したように、教職員は現職のままで長期にわたる研修に参加することが認められており、その派遣先として、一般の国立大学の大学院とは別に上越教育大学、兵庫教育大学、鳴門教育大学に教育系大学院が設置されている。これら大学院において専修免許状の取得を支援するために、2000（平成12）年度から大学院修学休業の制度が始められた。教育公務員は、任命権者の許可が得られれば、身分を保有したまま、3年を超えない範囲で休業の上、修学することができる。ただしその間、給与は支給されない（同26、27条）。

参 考 文 献

熱海則夫・永岡順 編『教育法規；新学校教育全集29』ぎょうせい，1995年.

熱海則夫・永岡順 編『学校と教育行政；新学校教育全集30』ぎょうせい，1995年.

安藤忠・壽福隆人 編著『教育政策・行政』弘文堂，2013年.

磯田文男 編著『新しい教育行政』ぎょうせい，平成18年.

市川昭午 編著『教育基本法；リーディングス「日本の教育と社会」4』日本図書センター，2006年.

岩下新太郎・榊田久雄 編著『要説 教育行政・制度』金港堂，平成8年.

上原貞雄 編『教育行政学；教職科学講座第7巻』福村出版，1991年.

江藤恭二・木下法也・渡部晶 編著『西洋近代教育史』学文社，昭和54年.

勝野正章・藤本典裕 編『教育行政学』学文社，2005年.

学校教育課題研究会 編著『教育課題便覧－校長教頭試験対応－』学陽書房，2003年.

学校運営実務研究会編集『新 教育法規 解体新書』東洋館出版社，2014年.

北野秋男 編著『わかりやすく学ぶ教育制度』啓明出版株式会社，2004年.

教育制度研究会 編『要説 教育制度』学術図書出版社，1991年.

教育制度研究会 編『要説 教育制度 新訂版』学術図書出版社，2002年.

久下栄志郎・堀内孜 編著『現代教育行政学』第一法規，昭和54年.

河野和清 編著『教育行政学』ミネルヴァ書房，2006年.

河野和清 編著『新しい教育行政学』ミネルヴァ書房，2014年.

小松茂久『学校改革のゆくえ』昭和堂，2002年.

小松茂久 編『教育行政学』昭和堂，2013年.

小山俊也『教育制度の形成・発展；世界の教育制度Ⅰ』明星大学出版部，昭和63年.

小山俊也「教育行政の原理・組織；教育行政制度Ⅰ」明星大学出版部，昭和63年.

坂田仰『新教育基本法』教育開発研究所，2007年.

坂田仰・星野豊 編著『学校教育の基本法令』学事出版，2004年.

坂田仰・河内祥子・黒川雅子 共著『新訂版 図解・表解 教育法規』教育開発研究所，平成24年.

篠原清昭・原田信之 編著『学校のための法学』ミネルヴァ書房，2004年.

下村哲夫『改訂新版 教育法規を読む』東洋観出版社，1997年.

下村哲夫『設例 教育法規演習 再改訂第2版』教育開発研究所，平成10年.

下村哲夫『教育法規便覧 平成16年版』学陽書房，2003年.

荘司雅子 監修『現代西洋教育史』亜紀書房，1969年.

仙波克也・佐竹勝利 編『教育行政の基礎と展開；教職専門叢書4』コレール社、1999年.

高木英明 編『教育制度：新・教職教養シリーズ第9巻』協同出版，平成3年.

高橋靖直 他『教育行政と学校・教師（第3版）』玉川大学出版部，2004年.

高見茂・開沼太郎・宮村裕子 編『教育法規スタートアップ Ver.2.0』昭和堂，2012年.

田代直人・森川泉・杉山緑 編著『教育の経営と制度』ミネルヴァ書房，2001年.

田中克佳 編著『教育史』川島書店，1987年.

田辺勝二『教育行政法概要－学説・判例付』エーアンドエー，1995年.

長尾十三二『西洋教育史』東京大学出版会，1978年.

菱村幸彦 編『最新教育法規ハンドブック』教育開発研究所，平成19年.

平原春好『教育行政学』東京大学出版会，1993年.

平原春好・室井修・土屋基規 共著『現代教育法概説』学陽書房，2001年.

堀内孜・小松郁夫 編著『現代教育行政の構造と課題』第一法規，昭和62年.

村山英雄・高木英明 編著『教育行政要説』ぎょうせい，昭和52年.

村山英雄・高木英明 編著『教育行政提要』ぎょうせい，昭和62年.

室井修『教育法と教育行政の展開』法律文化社，1996年.

森秀夫『要説 教育制度』学芸図書株式会社，1995年.

森秀夫『要説 教育制度 改訂版』学芸図書株式会社，2002年.

山崎英則・徳本達夫 編著『西洋の教育の歴史と思想』ミネルヴァ書房，2001年.

結城忠 編集『教育法規－重要用語300の基礎知識－』明治図書，2000年.

資　料　編

資　料　1　　学制序文

学制序文（学事奨励に関する被仰出書）

人々自ら其身を立て其産を治め其業を昌にして以て其生を遂るゆゑんのもの

は他なし身を修め智を開き才芸を長するによるなり而て其身を修め智を開き才芸

を長するは学にあらされは能はす是れ学校の設あるゆゑんにして日用常

行言語書算を初め士官農商百工技芸及ひ法律政治天文医療等

に至る迄凡人の営むところの事学あらさるはなし人能く其才あるところに応し

勉励して之に従事ししかして後初て生を治め産を興し業を昌にするを得へしさ

れは学問は身を立るの財本ともいふへきものにして人たるもの誰か学はすして可な

らんや夫の道路に迷ひ飢餓に陥り家を破り身を喪の徒の如きは畢竟不学よ

りしてかゝる過ちを生するなり従来学校の設ありてより年を歴ること久しといへと

も或は其道を得さるよりして人其方向を誤り学問は士人以上の事として農工商及ひ

婦女子に至つては之を度外におき学問の何物たるを弁せす又士人以上の稀に学ふ

ものも動もすれは国家の為にすと唱へ身を立るの基たるを知すして或は詞章記誦

の末に趨り空理虚談の途に陥り其論高尚に似たりといへとも之を身に行ひ事に

施すこと能さるもの少からす是すなはち沿襲の習弊にして文明普ねからす才芸の

長せすして貧乏破産喪家の徒多きゆゑんなり是故に人たるものは学はすんは

あるへからす之を学ふには宜しく其旨を誤るへからす之に依て今般文部省に於て

学制を定め追々教則をも改正し布告に及ふへきにつき自今以後一般の人民

華士族農工商及婦女子必す邑に不学の戸なく家に不学の人なからしめん事を期す人の父兄た

るもの宜しく此意を体認し其愛育の情を厚くし其子弟をして必す学に従事せしめ

さるへからさるものなり高上の学に至ては其人の材能に任かすといへとも幼童の

子弟は男女の別なく小学に従事せしめさるものは其父兄

越度たるへき事　但従来沿襲の弊学問は士人以上の事とし国家の為にすと唱ふるを以て学

費及其衣食の用に至る迄多く官に依頼し之を給するに非されは学さる事と思ひ

一生を自棄するもの少からす是皆惑へるの甚しきものなり自今以後此等の弊を

改め一般の人民他事を抛ち自ら奮て必す学に従事せしむへき様心得へき事

| 資 料 ２ | 教育勅語 |

教育ニ関スル勅語

朕惟フニ我カ皇祖皇宗国ヲ肇ムルコト宏遠ニ徳ヲ樹ツルコト深厚ナリ我カ臣民克ク忠ニ克ク孝ニ億兆心ヲ一ニシテ世々厥ノ美ヲ済セルハ此レ我カ国体ノ精華ニシテ教育ノ淵源亦実ニ此ニ存ス爾臣民父母ニ孝ニ兄弟ニ友ニ夫婦相和シ朋友相信シ恭倹己レヲ持シ博愛衆ニ及ホシ学ヲ修メ業ヲ習ヒ以テ智能ヲ啓発シ徳器ヲ成就シ進テ公益ヲ広メ世務ヲ開キ常ニ国憲ヲ重シ国法ニ遵ヒ一旦緩急アレハ義勇公ニ奉シ以テ天壌無窮ノ皇運ヲ扶翼スヘシ是ノ如キハ独リ朕カ忠良ノ臣民タルノミナラス又以テ爾祖先ノ遺風ヲ顕彰スルニ足ラン

斯ノ道ハ実ニ我カ皇祖皇宗ノ遺訓ニシテ子孫臣民ノ倶ニ遵守スヘキ所之ヲ古今ニ通シテ謬ラス之ヲ中外ニ施シテ悖ラス朕爾臣民ト倶ニ拳々服膺シテ咸其徳ヲ一ニセンコトヲ庶幾フ

明治二十三年十月三十日

御名　御璽

資 料 3　教育法令集

1．日本国憲法＜抄＞　　　（公布、昭21.11.3　　施行、昭22・5・3）

第13条　〔個人の尊重、生命・自由・幸福追求の権利の尊重〕

　すべて国民は、個人として尊重される。生命、自由及び幸福追求に対する国民の権利については、公共の福祉に反しない限り、立法その他の国政の上で、最大の尊重を必要とする。

第14条　〔法の下の平等〕

　すべて国民は、法の下に平等であつて、人種、信条、性別、社会的身分又は門地により、政治的、経済的又は社会的関係において、差別されない。

第15条　{公務員の本質}

2　すべて公務員は、全体の奉仕者であつて、一部の奉仕者ではない。

第20条　〔信教の自由、国の宗教活動の禁止〕

　信教の自由は、何人に対してもこれを保障する。いかなる宗教団体も、国から特権を受け、又は政治上の権力を行使してはならない。

2　何人も、宗教上の行為、祝典、儀式又は行事に参加することを強制されない。

3　国及びその機関は、宗教教育その他いかなる宗教的活動もしてはならない。

第23条　〔学問の自由〕

　学問の自由は、これを保障する。

第25条　〔生存権〕

　すべて国民は、健康で文化的な最低限度の生活を営む権利を有する。

第26条　〔教育を受ける権利、教育を受けさせる義務、義務教育の無償〕

　すべて国民は、法律の定めるところにより、その能力に応じて、ひとしく教育を受ける権利を有する。

2　すべて国民は、法律の定めるところにより、その保護する子女に普通教育を受けさせる義務を負ふ。義務教育は、これを無償とする。

第27条　（勤労の権利・義務、児童酷使の禁止）

　すべて国民は、勤労の権利を有し、義務を負ふ。

3　児童は、これを酷使してはならない。

第89条　〔公の財産の支出利用の制限〕

　公金その他の公の財産は、宗教上の組織若しくは団体の使用、便益若しくは維持のため、又は公の支配に属しない慈善、教育若しくは博愛の事業に対し、これを支出し、又はその利用に供してはならない。

2．教育基本法　　（平成18年12月22日法律第120号）

前文

　我々日本国民は、たゆまぬ努力によって築いてきた民主的で文化的な国家を更に発展させるとともに、世界の平和と人類の福祉の向上に貢献することを願うものである。

　我々は、この理想を実現するため、個人の尊厳を重んじ、真理と正義を希求し、公共の精神を尊び、豊かな人間性と創造性を備えた人間の育成を期するとともに、伝統を継承し、新しい文化の創造を目指す教育を推進する。

　ここに、我々は、日本国憲法の精神にのっとり、我が国の未来を切り拓く教育の基本を確立し、その振興を図るため、この法律を制定する。

第1章　教育の目的及び理念

第1条（教育の目的）

　教育は、人格の完成を目指し、平和で民主的な国家及び社会の形成者として必要な資質を備えた心身ともに健康な国民の育成を期して行われなければならない。

第2条（教育の目標）

　教育は、その目的を実現するため、学問の自由を尊重しつつ、次に掲げる目標を達成するよう行われるものとする。

　　一　幅広い知識と教養を身に付け、真理を求める態度を養い、豊かな情操と道徳心を培うとともに、健やかな身体を養うこと。

　　二　個人の価値を尊重して、その能力を伸ばし、創造性を培い、自主及び自律の精神を養うとともに、職業及び生活との関連を重視し、勤労を重んずる態度を養うこと。

　　三　正義と責任、男女の平等、自他の敬愛と協力を重んずるとともに、公共の精神に基づき、主体的に社会の形成に参画し、その発展に寄与する態度を養うこと。

　　四　生命を尊び、自然を大切にし、環境の保全に寄与する態度を養うこと。

　　五　伝統と文化を尊重し、それらをはぐくんできた我が国と郷土を愛するとともに、他国を尊重し、国際社会の平和と発展に寄与する態度を養うこと。

第3条（生涯学習の理念）

　国民一人一人が、自己の人格を磨き、豊かな人生を送ることができるよう、その生涯にわたって、あらゆる機会に、あらゆる場所において学習することができ、その成果を適切に生かすことのできる社会の実現が図られなければならない。

第4条（教育の機会均等）

　すべて国民は、ひとしく、その能力に応じた教育を受ける機会を与えられなければならず、人種、信条、性別、社会的身分、経済的地位又は門地によって、教育上差別されない。

2　国及び地方公共団体は、障害のある者が、その障害の状態に応じ、十分な教育を受けられるよう、教育上必要な支援を講じなければならない。

3　国及び地方公共団体は、能力があるにもかかわらず、経済的理由によって修学が困難な者に対して、奨学の措置を講じなければならない。

第2章　教育の実施に関する基本
第5条（義務教育）

　国民は、その保護する子に、別に法律で定めるところにより、普通教育を受けさせる義務を負う。

2　義務教育として行われる普通教育は、各個人の有する能力を伸ばしつつ社会において自立的に生きる基礎を培い、また、国家及び社会の形成者として必要とされる基本的な資質を養うことを目的として行われるものとする。

3　国及び地方公共団体は、義務教育の機会を保障し、その水準を確保するため、適切な役割分担及び相互の協力の下、その実施に責任を負う。

4　国又は地方公共団体の設置する学校における義務教育については、授業料を徴収しない。

第6条（学校教育）

　法律に定める学校は、公の性質を有するものであって、国、地方公共団体及び法律に定める法人のみが、これを設置することができる。

2　前項の学校においては、教育の目標が達成されるよう、教育を受ける者の心身の発達に応じて、体系的な教育が組織的に行われなければならない。この場合において、教育を受ける者が、学校生活を営む上で必要な規律を重んずるとともに、自ら進んで学習に取り組む意欲を高めることを重視して行われなければならない。

第7条（大学）

　大学は、学術の中心として、高い教養と専門的能力を培うとともに、深く真理を探究して新たな知見を創造し、これらの成果を広く社会に提供することにより、社会の発展に寄与するものとする。

2　大学については、自主性、自律性その他の大学における教育及び研究の特性が尊重されなければならない。

第8条（私立学校）

　私立学校の有する公の性質及び学校教育において果たす重要な役割にかんがみ、国及び地方公共団体は、その自主性を尊重しつつ、助成その他の適当な方法によって私立学校教育の振興に努めなければならない。

第9条（教員）

　法律に定める学校の教員は、自己の崇高な使命を深く自覚し、絶えず研究と修養に励み、その職責の遂行に努めなければならない。

2　前項の教員については、その使命と職責の重要性にかんがみ、その身分は尊重され、待遇の適正が期せられるとともに、養成と研修の充実が図られなければならない。

第10条（家庭教育）

父母その他の保護者は、子の教育について第一義的責任を有するものであって、生活のために必要な習慣を身に付けさせるとともに、自立心を育成し、心身の調和のとれた発達を図るよう努めるものとする。

2　国及び地方公共団体は、家庭教育の自主性を尊重しつつ、保護者に対する学習の機会及び情報の提供その他の家庭教育を支援するために必要な施策を講ずるよう努めなければならない。

第11条（幼児期の教育）

幼児期の教育は、生涯にわたる人格形成の基礎を培う重要なものであることにかんがみ、国及び地方公共団体は、幼児の健やかな成長に資する良好な環境の整備その他適当な方法によって、その振興に努めなければならない。

第12条（社会教育）

個人の要望や社会の要請にこたえ、社会において行われる教育は、国及び地方公共団体によって奨励されなければならない。

2　国及び地方公共団体は、図書館、博物館、公民館その他の社会教育施設の設置、学校の施設の利用、学習の機会及び情報の提供その他の適当な方法によって社会教育の振興に努めなければならない。

第13条（学校、家庭及び地域住民等の相互の連携協力）

学校、家庭及び地域住民その他の関係者は、教育におけるそれぞれの役割と責任を自覚するとともに、相互の連携及び協力に努めるものとする。

第14条（政治教育）

良識ある公民として必要な政治的教養は、教育上尊重されなければならない。

2　法律に定める学校は、特定の政党を支持し、又はこれに反対するための政治教育その他政治的活動をしてはならない。

第15条（宗教教育）

宗教に関する寛容の態度、宗教に関する一般的な教養及び宗教の社会生活における地位は、教育上尊重されなければならない。

2　国及び地方公共団体が設置する学校は、特定の宗教のための宗教教育その他宗教的活動をしてはならない。

第3章　教育行政

第16条（教育行政）

教育は、不当な支配に服することなく、この法律及び他の法律の定めるところにより行われるべきものであり、教育行政は、国と地方公共団体との適切な役割分担及び相互の協力の下、公正かつ適正に行われなければならない。

2　国は、全国的な教育の機会均等と教育水準の維持向上を図るため、教育に関する施策を総合的に策定し、実施しなければならない。

3　地方公共団体は、その地域における教育の振興を図るため、その実情に応じた教育に関する施策を策定し、実施しなければならない。

4　国及び地方公共団体は、教育が円滑かつ継続的に実施されるよう、必要な財政上の措置を講じなければならない。

第17条（教育振興基本計画）

　政府は、教育の振興に関する施策の総合的かつ計画的な推進を図るため、教育の振興に関する施策についての基本的な方針及び講ずべき施策その他必要な事項について、基本的な計画を定め、これを国会に報告するとともに、公表しなければならない。

2　地方公共団体は、前項の計画を参酌し、その地域の実情に応じ、当該地方公共団体における教育の振興のための施策に関する基本的な計画を定めるよう努めなければならない。

第4章　法令の制定

第18条

　この法律に規定する諸条項を実施するため、必要な法令が制定されなければならない。

3．学校教育法＜抄＞　　（昭和22年3月31日・法律第26号）施行、昭22・4・1

＊のついた条項は中学校、高等学校にも準用される。

第1章　総則

第1条

　この法律で、学校とは、幼稚園、小学校、中学校、義務教育学校、高等学校、中等教育学校、特別支援学校、大学及び高等専門学校とする。

第2条

　学校は、国、地方公共団体及び私立学校法第3条に規定する学校法人（以下学校法人と称する。）のみが、これを設置することができる。

2　この法律で、国立学校とは、国の設置する学校を、公立学校とは、地方公共団体の設置する学校を、私立学校とは、学校法人の設置する学校をいう。

第3条

　学校を設置しようとする者は、学校の種類に応じ、文部科学大臣の定める設備、編制その他に関する設置基準に従い、これを設置しなければならない。

第4条

　次の各号に掲げる学校の設置廃止、設置者の変更その他政令で定める事項は、それぞれ当該各号に定める者の認可を受けなければならない。

　　一　公立又は私立の大学及び高等専門学校・・・文部科学大臣

　　二　市町村の設置する高等学校、中等教育学校及び特別支援学校・・・都道府県の教育委員会

　三　私立の幼稚園、小学校、中学校、義務教育学校、高等学校、中等教育学校及び特別支援学校・・・都道府県知事

第5条

　学校の設置者は、その設置する学校を管理し、法令に特別の定のある場合を除いては、その学校の経費を負担する。

第6条

　学校においては、授業料を徴収することができる。ただし、国立又は公立の小学校及び中学校、義務教育学校、中等教育学校の前期課程又は特別支援学校の小学部及び中学部における義務教育については、これを徴収することができない。

第7条

　学校には、校長及び相当数の教員を置かなければならない。

第8条

　校長及び教員の資格に関する事項は、別に法律で定めるもののほか、文部科学大臣がこれを定める。

第9条

　次の各号のいずれかに該当する者は、校長又は教員となることができない。

　一　禁錮以上の刑に処せられた者

　二　教育職員免許法第10条第1項第2号又は第3号に該当することにより免許状がその効力を失い、当該失効の日から3年を経過しない者

　三　教育職員免許法第11条第1項から第3項までの規定により免許状取上げの処分を受け、3年を経過しない者

　四　日本国憲法施行の日以後において、日本国憲法又はその下に成立した政府を暴力で破壊することを主張する政党その他の団体を結成し、又はこれに加入した者

第11条

　校長及び教員は、教育上必要があると認めるときは、文部科学大臣の定めるところにより、児童、生徒及び学生に懲戒を加えることができる。ただし、体罰を加えることはできない。

第12条

　学校においては、別に法律で定めるところにより、幼児、児童、生徒及び学生並びに職員の健康の保持増進を図るため、健康診断を行い、その他その保健に必要な措置を講じなければならない。

第2章　義務教育

第16条

　保護者は、次条に定めるところにより、子に9年の普通教育を受けさせる義務を負う。

第17条　〔就学義務〕

　保護者は、子の満6歳に達した日の翌日以後における最初の学年の初めから、満12歳に達し

た日の属する学年の終わりまで、これを小学校、義務教育学校の前期課程又は特別支援学校の小学部に就学させる義務を負う。ただし、子が、満12歳に達した日の属する学年の終わりまでに小学校、義務教育学校の前期課程又は特別支援学校の小学部の課程を修了しないときは、満15歳に達した日の属する学年の終わり（それまでの間において当該課程を修了したときは、その修了した日の属する学年の終わり）までとする。

② 保護者は、子が小学校、義務教育学校の前期課程又は特別支援学校の小学部の課程を修了した日の翌日以後における最初の学年の初めから、満15歳に達した日の属する学年の終わりまで、これを中学校、義務教育学校の後期課程、中等教育学校の前期課程又は特別支援学校の中学部に就学させる義務を負う。

第18条

前条第1項又は第2項の規定によつて、保護者が就学させなければならない子で、病弱、発育不完全その他やむを得ない事由のため、就学困難と認められる者の保護者に対しては、市町村の教育委員会は、文部科学大臣の定めるところにより、同条第1項又は第2項の義務を猶予又は免除することができる。

第19条

経済的理由によつて、就学困難と認められる学齢児童又は学齢生徒の保護者に対しては、市町村は、必要な援助を与えなければならない。

第20条〕

学齢児童又は学齢生徒を使用する者は、その使用によつて、当該学齢児童又は学齢生徒が、義務教育を受けることを妨げてはならない。

第21条

義務教育として行われる普通教育は、教育基本法第5条第2項に規定する目的を実現するため、次に掲げる目標を達成するよう行われるものとする。

一 学校内外における社会的活動を促進し、自主、自律及び協同の精神、規範意識、公正な判断力並びに公共の精神に基づき主体的に社会の形成に参画し、その発展に寄与する態度を養うこと。

二 学校内外における自然体験活動を促進し、生命及び自然を尊重する精神並びに環境の保全に寄与する態度を養うこと。

三 我が国と郷土の現状と歴史について、正しい理解に導き、伝統と文化を尊重し、それらをはぐくんできた我が国と郷土を愛する態度を養うとともに、進んで外国の文化の理解を通じて、他国を尊重し、国際社会の平和と発展に寄与する態度を養うこと。

四 家族と家庭の役割、生活に必要な衣、食、住、情報、産業その他の事項について基礎的な理解と技能を養うこと。

五 読書に親しませ、生活に必要な国語を正しく理解し、使用する基礎的な能力を養うこと。

六 生活に必要な数量的な関係を正しく理解し、処理する基礎的な能力を養うこと。

七　生活にかかわる自然現象について、観察及び実験を通じて、科学的に理解し、処理する基礎的な能力を養うこと。

八　健康、安全で幸福な生活のために必要な習慣を養うとともに、運動を通じて体力を養い、心身の調和的発達を図ること。

九　生活を明るく豊かにする音楽、美術、文芸その他の芸術について基礎的な理解と技能を養うこと。

十　職業についての基礎的な知識と技能、勤労を重んずる態度及び個性に応じて将来の進路を選択する能力を養うこと。

第4章　小学校

第29条

小学校は、心身の発達に応じて、義務教育として行われる普通教育のうち基礎的なものを施すことを目的とする。

＊第30条

小学校における教育については、前条に規定する目的を実現するために必要な程度において第21条各号に掲げる目標を達成するよう行われるものとする。

②　前項の場合においては、生涯にわたり学習する基盤が培われるよう、基礎的な知識及び技能を習得させるとともに、これらを活用して課題を解決するために必要な思考力、判断力、表現力その他の能力をはぐくみ、主体的に学習に取り組む態度を養うことに、特に意を用いなければならない。

＊第31条

小学校においては、前条第1項の規定による目標の達成に資するよう、教育指導を行うに当たり、児童の体験的な学習活動、特にボランティア活動など社会奉仕体験活動、自然体験活動その他の体験活動の充実に努めるものとする。この場合において、社会教育関係団体その他の関係団体及び関係機関との連携に十分配慮しなければなららない。

第32条

小学校の修業年限は、6年とする。

第33条

小学校の教育課程に関する事項は、第29条及び第30条の規定に従い、文部科学大臣が定める。

＊第34条

小学校においては、文部科学大臣の検定を経た教科用図書又は文部科学省が著作の名義を有する教科用図書を使用しなければならない。

④　教科用図書及び第2項に規定する教材以外の教材で、有益適切なものは、これを使用することができる。

＊第35条

　市町村の教育委員会は、次に掲げる行為の１又は２以上を繰り返し行う等性行不良であつて他の児童の教育に妨げがあると認める児童があるときは、その保護者に対して、児童の出席停止を命ずることができる。

　　一　他の児童に傷害、心身の苦痛又は財産上の損失を与える行為

　　二　職員に傷害又は心身の苦痛を与える行為

　　三　施設又は設備を損壊する行為

　　四　授業その他の教育活動の実施を妨げる行為

②　市町村の教育委員会は、前項の規定により出席停止を命ずる場合には、あらかじめ保護者の意見を聴取するとともに、理由及び期間を記載した文書を交付しなければならない。

③　＜省略＞

④　市町村の教育委員会は、出席停止の命令に係る児童の出席停止の期間における学習に対する支援その他の教育上必要な措置を講ずるものとする。

＊第37条

　小学校には、校長、教頭、教諭、養護教諭及び事務職員を置かなければならない。

②　小学校には、前項に規定するもののほか、副校長、主幹教諭、指導教諭、栄養教諭その他必要な職員を置くことができる。

③　第一項の規定にかかわらず、副校長を置くときその他特別の事情のあるときは教頭を、養護をつかさどる主幹教諭を置くときは養護教諭を、特別の事情のあるときは事務職員を、それぞれ置かないことができる。

④　校長は、校務をつかさどり、所属職員を監督する。

⑤　副校長は、校長を助け、命を受けて校務をつかさどる。

⑥　副校長は、校長に事故があるときはその職務を代理し、校長が欠けたときはその職務を行う。

⑦　教頭は、校長（及び副校長）を助け、校務を整理し、及び必要に応じ児童の教育をつかさどる。

⑧　教頭は、校長（及び副校長）に事故があるときはその職務を代理し、校長（及び副校長）が欠けたときはその職務を行う。

⑨　主幹教諭は、校長（及び副校長）及び教頭を助け、命を受けて校務の一部を整理し、並びに児童の教育をつかさどる。

⑩　指導教諭は、児童の教育をつかさどり、並びに教諭その他の職員に対して、教育指導の改善及び充実のために必要な指導及び助言を行う。

⑪　教諭は、児童の教育をつかさどる。　＜以下略＞

＊第38条

　市町村は、その区域内にある学齢児童を就学させるに必要な小学校を設置しなければならない。ただし、教育上有益かつ適切であると認めるときは、義務教育学校の設置をもってこれに

代えることができる。

＊第42条

　小学校は、文部科学大臣の定める当該小学校の教育活動その他の学校運営の状況について評価を行い、その結果に基づき学校運営の改善を図るため必要な措置を講ずることにより、その教育水準の向上に努めなければならない。

第5章　中学校

第45条

　中学校は、小学校における教育の基礎の上に、心身の発達に応じて、義務教育として行われる普通教育を施すことを目的とする。

第46条

　中学校における教育については、前条に規定する目的を実現するために、第21条各号に掲げる目標を達成するよう行われるものとする。

第47条

　中学校の修業年限は、3年とする。

第48条

　中学校の教育課程に関する事項は、第45条及び第46条・・・＜中略＞・・・の規定に従い、文部科学大臣が定める。

第6章　高等学校

第50条

　高等学校は、中学校における教育の基礎の上に、心身の発達及び進路に応じて、高度な普通教育及び専門教育を施すことを目的とする。

第51条

　高等学校における教育は、前条に規定する目的を実現するため、次に掲げる目標を達成するよう行われるものとする。

　　一　義務教育として行われる普通教育の成果を更に発展拡充させて、豊かな人間性、創造性及び健やかな身体を養い、国家及び社会の形成者として必要な資質を養うこと。

　　二　社会において果たさなければならない使命の自覚に基づき、個性に応じて将来の進路を決定させ、一般的な教養を高め、専門的な知識、技術及び技能を習得させること。

　　三　個性の確立に努めるとともに、社会について、広く深い理解と健全な批判力を養い、社会の発展に寄与する態度を養うこと。

第52条

　高等学校の学科及び教育課程に関する事項は、前2条・・・＜中略＞・・・の規定に従い、文部科学大臣が定める。

第56条

　高等学校の修業年限は、全日制の課程については、3年とし、定時制の課程及び通信制の課程については、3年以上とする。

第61条　〔2以上の課程の教頭の設置〕

　高等学校に、全日制の課程、定時制の課程又は通信制の課程のうち2以上の課程を置くときは、それぞれの課程に関する公務を分担して整理する教頭を置かなければならない。ただし、命を受けて当該課程に関する校務をつかさどる副校長が置かれる1の課程については、この限りではない。

第8章　特別支援教育

第72条

　特別支援学校は、視覚障害者、聴覚障害者、知的障害者、肢体不自由者又は病弱者（身体虚弱者を含む。以下同じ。）に対して、幼稚園、小学校、中学校又は高等学校に準ずる教育を施すとともに、障害による学習上又は生活上の困難を克服し自立を図るために必要な知識技能を授けることを目的とする。

第76条

　特別支援学校には、小学部及び中学部を置かなければならない。ただし、特別の必要のある場合においては、そのいずれかのみを置くことができる。

②　特別支援学校には、小学部及び中学部のほか、幼稚部又は高等部を置くことができ、また、特別の必要のある場合においては、前項の規定にかかわらず、小学部及び中学部を置かないで幼稚部又は高等部のみを置くことができる。

第77条

　特別支援学校の幼稚部の教育課程その他の保育内容、小学部及び中学部の教育課程又は高等部の学科及び教育課程に関する事項は、幼稚園、小学校、中学校又は高等学校に準じて、文部科学大臣が定める。

第80条

　都道府県は、その区域内にある学齢児童及び学齢生徒のうち、視覚障害者、聴覚障害者、知的障害者、肢体不自由者又は病弱者で、その障害が第75条の政令で定める程度のものを就学させるに必要な特別支援学校を設置しなければならない。

4．学校教育法施行令＜抄＞　　（昭和28年10月31日　政令第340号）

第1条（学齢簿の編製）

　市町村の教育委員会は、当該市町村の区域内に住所を有する学齢児童及び学齢生徒について、学齢簿を編製しなければならない。

第5条　（入学期日等の通知、学校の指定）

市町村の教育委員会は、就学予定者のうち、認定特別支援学校就学者以外の者について、その保護者に対し、翌学年の初めから二月前までに、小学校、中学校又は義務教育学校の入学期日を通知しなければならない。

2　市町村の教育委員会は、当該市町村の設置する小学校、中学校又は義務教育学校が2校以上ある場合においては、前項の通知において当該就学予定者の就学すべき小学校、中学校又は義務教育学校を指定しなければならない。

第19条　（校長の義務）

小学校、中学校、義務教育学校、中等教育学校、特別支援学校の校長は、常に、その学校に在学する学齢児童又は学齢生徒の出席状況を明らかにしておかなければならない。

第20条

小学校、中学校、義務教育学校、中等教育学校、特別支援学校の校長は、当該学校に在学する学齢児童又は学齢生徒が、休業日を除き引き続き7日間出席せず、その他その出席状況が良好でない場合において、その出席させないことについて保護者に正当な事由がないと認められるときは、速やかに、その旨を当該学齢児童又は学齢生徒の住所の存する市町村の教育委員会に通知しなければならない。

第21条　（教育委員会の行う出席の督促等）

市町村の教育委員会は、前条の通知を受けたときその他当該市町村に住所を有する学齢児童又は学齢生徒の保護者が法第17条第1項又は第2項に規定する義務を怠つていると認められるときは、その保護者に対して、当該学齢児童又は学齢生徒の出席を督促しなければならない。

第29条　（学期及び休業日）

公立の学校（大学を除く。）の学期及び夏季、冬季、学年末、農繁期等における休業日は、市町村又は都道府県の設置する学校にあつては当該市町村又は都道府県の教育委員会が……定める。

5．学校教育法施行規則＜抄＞　　（昭和22年5月23日　文部省令第11号）

＊のついた条項は中学校、高等学校にも準用される。

第1章　総則

第1条

学校には、その学校の目的を実現するために必要な校地、校舎、校具、運動場、図書館又は図書室、保健室その他の設備を設けなければならない。

②　学校の位置は、教育上適切な環境に、これを定めなければならない。

第24条

校長は、その学校に在学する児童等の指導要録（学校教育法施行令第31条に規定する児童等の学習及び健康の状況を記録した書類の原本をいう。以下同じ。）を作成しなければならない。

② 校長は、児童等が進学した場合においては、その作成に係る当該児童等の指導要録の抄本又は写しを作成し、これを進学先の校長に送付しなければならない。

③ 校長は、児童等が転学した場合においては、その作成に係る当該児童等の指導要録の写しを作成し、その写し及び前項の抄本又は写しを転学先の校長に送付しなければならない。

第25条

校長（学長を除く。）は、当該学校に在学する児童等について出席簿を作成しなければならない。

第26条

校長及び教員が児童等に懲戒を加えるに当つては、児童等の心身の発達に応ずる等教育上必要な配慮をしなければならない。

② 懲戒のうち、退学、停学及び訓告の処分は、校長（大学にあつては、学長の委任を受けた学部長を含む。）が行う。

③ 前項の退学は、公立の小学校、中学校又は特別支援学校に在学する学齢児童又は学齢生徒を除き、次の各号のいずれかに該当する児童等に対して行うことができる。

　一　性行不良で改善の見込がないと認められる者

　二　学力劣等で成業の見込がないと認められる者

　三　正当の理由がなくて出席常でない者

　四　学校の秩序を乱し、その他学生又は生徒としての本分に反した者

④ 第2項の停学は、学齢児童又は学齢生徒に対しては、行うことができない。

第28条

学校において備えなければならない表簿は、概ね次の通りとする。

　一　学校に関係のある法令

　二　学則、日課表、教科用図書配当表、学校医執務記録簿、学校歯科医執務記録簿、学校薬剤師執務記録簿及び学校日誌

　三　職員の名簿、履歴書、出勤簿並びに担任学級、担任の教科又は科目及び時間表

　四　指導要録、その写し及び抄本並びに出席簿及び健康診断に関する表簿

　五　入学者の選抜及び成績考査に関する表簿

　六　資産原簿、出納簿及び経費の予算決算についての帳簿並びに図書機械器具、標本、模型等の教具の目録

　七　往復文書処理簿

② 前項の表簿は、別に定めるもののほか、5年間保存しなければならない。ただし、指導要録及びその写しのうち入学、卒業等の学籍に関する記録については、その保存期間は、20年間とする。

第４章　小学校

＊第41条

　小学校の学級数は、12学級以上18学級以下を標準とする。ただし、地域の実態その他により特別の事情のあるときは、この限りでない。

＊第48条

　小学校には、設置者の定めるところにより、校長の職務の円滑な執行に資するため、職員会議を置くことができる。

②　職員会議は、校長が主宰する。

＊第49条

　小学校には、設置者の定めるところにより、学校評議員を置くことができる。

②　学校評議員は、校長の求めに応じ、学校運営に関し意見を述べることができる。

③　学校評議員は、当該小学校の職員以外の者で教育に関する理解及び識見を有するもののうちから、校長の推薦により、当該小学校の設置者が委嘱する。

第50条

　小学校の教育課程は、国語、社会、算数、理科、生活、音楽、図画工作、家庭、体育及び外国語の各教科、特別の教科である道徳、外国語活動、総合的な学習の時間並びに特別活動によって編成するものとする。

②　私立の小学校の教育課程を編成する場合は、前項の規定にかかわらず、宗教を加えることができる。この場合においては、宗教をもつて前項の特別の教科である道徳に代えることができる。

第52条

　小学校の教育課程については、この節に定めるもののほか、教育課程の基準として文部科学大臣が別に公示する小学校学習指導要領によるものとする。

第53条

　小学校においては、必要がある場合には、一部の各教科について、これらを合わせて授業を行うことができる。

＊第57条

　小学校において、各学年の課程の修了又は卒業を認めるに当たつては、児童の平素の成績を評価して、これを定めなければならない。

＊第59条

　小学校の学年は、４月１日に始まり、翌年３月31日に終わる。

＊第60条

　授業終始の時刻は、校長が定める。

＊第61条

　公立小学校における休業日は、次のとおりとする。ただし、第三号に掲げる日を除き、当該学校を設置する地方公共団体の教育委員会が必要と認める場合は、この限りでない。

一　国民の祝日に関する法律（昭和23年法律第178号）に規定する日

二　日曜日及び土曜日

三　学校教育法施行令第29条の規定により教育委員会が定める日

＊第62条

私立小学校における学期及び休業日は、当該学校の学則で定める。

＊第63条

非常変災その他急迫の事情があるときは、校長は、臨時に授業を行わないことができる。この場合において、公立小学校についてはこの旨を当該学校を設置する地方公共団体の教育委員会に報告しなければならない。

＊第66条

小学校は、当該小学校の教育活動その他の学校運営の状況について、自ら評価を行い、その結果を公表するものとする。

2　前項の評価を行うに当たつては、小学校は、その実情に応じ、適切な項目を設定して行うものとする。

＊第67条

小学校は、前条第一項の規定による評価の結果を踏まえた当該小学校の児童の保護者その他の当該小学校の関係者（当該小学校の職員を除く。）による評価を行い、その結果を公表するよう努めるものとする。

＊第68条

小学校は、第66条第1項の規定による評価の結果及び前条の規定により評価を行つた場合はその結果を、当該小学校の設置者に報告するものとする。

第5章　中学校

第72条

中学校の教育課程は、国語、社会、数学、理科、音楽、美術、保健体育、技術・家庭及び外国語の各教科、特別の教科である道徳、総合的な学習の時間並びに特別活動によつて編成するものとする。

第74条

中学校の教育課程については、この章に定めるもののほか、教育課程の基準として文部科学大臣が別に公示する中学校学習指導要領によるものとする。

第6章　高等学校

第83条

高等学校の教育課程は、……各教科に属する科目、総合的な探究の時間及び特別活動によつて編成するものとする。

第84条

　高等学校の教育課程については、この章に定めるもののほか、教育課程の基準として文部科学大臣が別に公示する高等学校学習指導要領によるものとする。

第96条

　校長は、生徒の高等学校の全課程の修了を認めるに当たつては、高等学校学習指導要領の定めるところにより、74単位以上を修得した者について行わなければならない。

6. 中学校設置基準＜抄＞

　　　　（平成14年3月29日　文部科学省令第15号）　　　「小学校設置基準」も同じ内容。

第1章　総則

第1条　（趣旨）

　中学校は、学校教育法その他の法令の規定によるほか、この省令の定めるところにより設置するものとする。

2　この省令で定める設置基準は、中学校を設置するのに必要な最低の基準とする。

3　中学校の設置者は、中学校の編制、施設、設備等がこの省令で定める設置基準より低下した状態にならないようにすることはもとより、これらの水準の向上を図ることに努めなければならない。

第2章　編制

第4条　（一学級の生徒数）

　1学級の生徒数は、法令に特別の定めがある場合を除き、40人以下とする。ただし、特別の事情があり、かつ、教育上支障がない場合は、この限りでない。

第5条　（学級の編制）

　中学校の学級は、同学年の生徒で編制するものとする。ただし、特別の事情があるときは、数学年の生徒を1学級に編制することができる。

第6条（教諭の数等）

　中学校に置く主幹教諭、指導教諭及び教諭（以下この条において「教諭等」という。）の数は、1学級当たり1人以上とする。

2　教諭等は、特別の事情があり、かつ、教育上支障がない場合は、校長、副校長若しくは教頭が兼ね、又は助教諭若しくは講師をもって代えることができる。

3　中学校に置く教員等は、教育上必要と認められる場合は、他の学校の教員等と兼ねることができる。

7．学校保健安全法＜抄＞　　（昭和33年4月10日・法律第56号）

第5条　（学校保健計画の策定等）

　学校においては、児童生徒等及び職員の心身の健康の保持増進を図るため、児童生徒等及び職員の健康診断、環境衛生検査、児童生徒等に対する指導その他保健に関する事項について計画を策定し、これを実施しなければならない。

第6条　（学校環境衛生基準）

　文部科学大臣は、学校における換気、採光、照明、保温、清潔保持その他環境衛生に係る事項について、児童生徒等及び職員の健康を保護する上で維持されることが望ましい基準（以下この条において「学校環境衛生基準」という。）を定めるものとする。

2　学校の設置者は、学校環境衛生基準に照らしてその設置する学校の適切な環境の維持に努めなければならない。

3　校長は、学校環境衛生基準に照らし、学校の環境衛生に関し適正を欠く事項があると認めた場合には、遅滞なく、その改善のために必要な措置を講じ、又は当該措置を講ずることができないときは、当該学校の設置者に対し、その旨を申し出るものとする。

第7条　（保健室）

　学校には、健康診断、健康相談、保健指導、救急処置その他の保健に関する措置を行うため、保健室を設けるものとする。

第8条　（健康相談）

　学校においては、児童生徒等の心身の健康に関し、健康相談を行うものとする。

第11条　（就学時の健康診断）

　市町村の教育委員会は、学校教育法第17条第1項の規定により翌学年の初めから同項に規定する学校に就学させるべき者で、当該市町村の区域内に住所を有するものの就学に当たつて、その健康診断を行わなければならない。

第13条　（児童生徒等の健康診断）

　学校においては、毎学年定期に、児童生徒等の健康診断を行わなければならない。

2　学校においては、必要があるときは、臨時に、児童生徒等の健康診断を行うものとする。

第15条　（職員の健康診断）

　学校の設置者は、毎学年定期に、学校の職員の健康診断を行わなければならない。

第19条　（出席停止）

　校長は、感染症にかかつており、かかつている疑いがあり、又はかかるおそれのある児童生徒等があるときは、政令で定めるところにより、出席を停止させることができる。

第20条　（臨時休業）

　学校の設置者は、感染症の予防上必要があるときは、臨時に、学校の全部又は一部の休業を行うことができる。

第27条　（学校安全計画の策定等）

　学校においては、児童生徒等の安全の確保を図るため、当該学校の施設及び設備の安全点検、児童生徒等に対する通学を含めた学校生活その他の日常生活における安全に関する指導、職員の研修その他学校における安全に関する事項について計画を策定し、これを実施しなければならない。

8. 学校保健安全法施行令＜抄＞　　（昭和33年6月10日　政令第174号）

第6条　（出席停止の指示）

　校長は、法第19条の規定により出席を停止させようとするときは、その理由及び期間を明らかにして、幼児、児童又は生徒（高等学校の生徒を除く。）にあつてはその保護者に、高等学校の生徒又は学生にあつては当該生徒又は学生にこれを指示しなければならない。

2　出席停止の期間は、感染症の種類等に応じて、文部科学省令で定める基準による。

第7条　（出席停止の報告）

　校長は、前条第1項の規定による指示をしたときは、文部科学省令で定めるところにより、その旨を学校の設置者に報告しなければならない。

9. 学校保健安全法施行規則＜抄＞（昭和33年6月13日　文部省令第18号）

第5条　（児童生徒等の健康診断の時期）

　法第13条第1項の健康診断は、毎学年、6月30日までに行うものとする。

第12条　（職員の健康診断の時期）

　法第15条第1項の健康診断の時期については、第5条の規定を準用する。この場合において、同条第1項中「6月30日までに」とあるのは、「学校の設置者が定める適切な時期に」と読み替えるものとする。

10. 地方教育行政の組織及び運営に関する法律＜抄＞

（昭和31年6月30日・法律第162号）

第1章　総則

第1条　（この法律の趣旨）

　この法律は、教育委員会の設置、学校その他の教育機関の職員の身分取扱その他地方公共団体における教育行政の組織及び運営の基本を定めることを目的とする。

第1条の3　（大綱の策定等）

　地方公共団体の長は、教育基本法第17条第1項に規定する基本的な方針を参酌し、その地域の実情に応じ、当該地方公共団体の教育、学術及び文化の振興に関する総合的な施策の大綱

（以下単に「大綱」という。）を定めるものとする。

2　地方公共団体の長は、大綱を定め、又はこれを変更しようとするときは、あらかじめ、次条第1項の総合教育会議において協議するものとする。

3　地方公共団体の長は、大綱を定め、又はこれを変更したときは、遅滞なく、これを公表しなければならない。

4　第1項の規定は、地方公共団体の長に対し、第21条に規定する事務を管理し、又は執行する権限を与えるものと解釈してはならない。

第1条の4　（総合教育会議）

地方公共団体の長は、大綱の策定に関する協議及び次に掲げる事項についての協議並びにこれらに関する次項各号に掲げる構成員の事務の調整を行うため、総合教育会議を設けるものとする。

一　教育を行うための諸条件の整備その他の地域の実情に応じた教育、学術及び文化の振興を図るため重点的に講ずべき施策

二　児童、生徒等の生命又は身体に現に被害が生じ、又はまさに被害が生ずるおそれがあると見込まれる場合等の緊急の場合に講ずべき措置

2　総合教育会議は、次に掲げる者をもつて構成する。

一　地方公共団体の長

二　教育委員会

3　総合教育会議は、地方公共団体の長が招集する。

4　教育委員会は、その権限に属する事務に関して協議する必要があると思料するときは、地方公共団体の長に対し、協議すべき具体的事項を示して、総合教育会議の招集を求めることができる。

5　総合教育会議は、第1項の協議を行うに当たつて必要があると認めるときは、関係者又は学識経験を有する者から、当該協議すべき事項に関して意見を聴くことができる。

6　総合教育会議は、公開する。ただし、個人の秘密を保つため必要があると認めるとき、又は会議の公正が害されるおそれがあると認めるときその他公益上必要があると認めるときは、この限りでない。

7　地方公共団体の長は、総合教育会議の終了後、遅滞なく、総合教育会議の定めるところにより、その議事録を作成し、これを公表するよう努めなければならない。　＜以下、省略＞

第2章　教育委員会の設置及び組織

第1節　教育委員会の設置、教育長及び委員並びに会議

第2条　（設置）

都道府県、市（特別区を含む。以下同じ。）町村・・・＜中略＞・・・に教育委員会を置く。

第3条　（組織）

教育委員会は、教育長及び4人の委員をもつて組織する。ただし、条例で定めるところによ

り、都道府県若しくは市又は地方公共団体の組合のうち都道府県若しくは市が加入するものの教育委員会にあつては教育長及び5人以上の委員、町村又は地方公共団体の組合のうち町村のみが加入するものの教育委員会にあつては教育長及び2人以上の委員をもつて組織することができる。

第4条　（任命）

　教育長は、当該地方公共団体の長の被選挙権を有する者で、人格が高潔で、教育行政に関し識見を有するもののうちから、地方公共団体の長が、議会の同意を得て、任命する。

2　委員は、当該地方公共団体の長の被選挙権を有する者で、人格が高潔で、教育、学術及び文化に関し識見を有するもののうちから、地方公共団体の長が、議会の同意を得て、任命する。

3　次の各号のいずれかに該当する者は、教育長又は委員となることができない。

　一　破産手続き開始の決定を受けて復権を得ない者

　二　禁錮以上の刑に処せられた者

4　教育長及び委員の任命については、そのうち委員の定数に1を加えた数の2分の1以上の者が同一の政党に所属することとなつてはならない。

5　地方公共団体の長は、第2項の規定による委員の任命に当たつては、委員の年齢、性別、職業等に著しい偏りが生じないように配慮するとともに、委員のうちに保護者である者が含まれるようにしなければならない。

第5条　（任期）

　教育長の任期は3年とし、委員の任期は4年とする。ただし、補欠の教育長又は委員の任期は、前任者の残任期間とする。

2　教育長及び委員は、再任されることができる。

第7条　（罷免）

　地方公共団体の長は、教育長若しくは委員が心身の故障のため職務の遂行に堪えないと認める場合又は職務上の義務違反その他委員たるに適しない非行があると認める場合においては、当該地方公共団体の議会の同意を得て、その教育長又は委員を罷免することができる。

第8条　（解職請求）

　地方公共団体の長の選挙権を有する者は、政令で定めるところにより、その総数の3分の1以上の者の連署をもつて、その代表者から、当該地方公共団体の長に対し、教育長又は委員の解職を請求することができる。

第11条　（服務等）

　教育長は、職務上知ることができた秘密を漏らしてはならない。その職を退いた後も、また、同様とする。

2　教育長又は教育長であつた者が法令による証人、鑑定人等となり、職務上の秘密に属する事項を発表する場合においては、教育委員会の許可を受けなければならない。

4　教育長は、常勤とする。

6　教育長は、政党その他の政治的団体の役員となり、又は積極的に政治運動をしてはならな

い。

　　　　　　＜3，5，7，8は略す＞

第12条

　前条第1項から第3項まで、第6項及び第8項の規定は、委員の服務について準用する。

2　委員は、非常勤とする。

第14条　（会議）

　教育委員会の会議は、教育長が招集する。

3　教育委員会は、教育長及び在任委員の過半数が出席しなければ、会議を開き、議決をすることができない。

4　教育委員会の会議の議事は、……出席者の過半数で決し、可否同数のときは、教育長の決するところによる。

　　　　　　＜2，5，6は略す＞

7　教育委員会の会議は、公開する。ただし、人事に関する事件その他の事件について、教育長又は委員の発議により、出席者の3分の2以上の多数で議決したときは、これを公開しないことができる。

第15条　（教育委員会規則の制定等）

　教育委員会は、法令又は条例に違反しない限りにおいて、その権限に属する事務に関し、教育委員会規則を制定することができる。

　　第2節　事務局

第17条　（事務局）

　教育委員会の権限に属する事務を処理させるため、教育委員会に事務局を置く。

第18条　（指導主事その他の職員）

　都道府県に置かれる教育委員会の事務局に、指導主事、事務職員及び技術職員を置くほか、所要の職員を置く。

2　市町村に置かれる教育委員会の事務局に、前項の規定に準じて指導主事その他の所要の職員を置く。

3　指導主事は、上司の命を受け、学校（学校教育法第1条に規定する学校をいう。以下同じ。）における教育課程、学習指導その他学校教育に関する専門的事項の指導に関する事務に従事する。

4　指導主事は、教育に関し識見を有し、かつ、学校における教育課程、学習指導その他学校教育に関する専門的事項について教養と経験がある者でなければならない。指導主事は、大学以外の公立学校の教員をもつて充てることができる。

第3章　教育委員会及び地方公共団体の長の職務権限

第21条　（教育委員会の職務権限）

教育委員会は、当該地方公共団体が処理する教育に関する事務で、次に掲げるものを管理し、及び執行する。

一　教育委員会の所管に属する学校その他の教育機関の設置、管理及び廃止に関すること。

二　学校その他の教育機関の用に供する財産（以下「教育財産」という。）の管理に関すること。

三　教育委員会及び学校その他の教育機関の職員の任免その他の人事に関すること。

四　学齢生徒及び学齢児童の就学並びに生徒、児童及び幼児の入学、転学及び退学に関すること。

五　学校の組織編制、教育課程、学習指導、生徒指導及び職業指導に関すること。

六　教科書その他の教材の取扱いに関すること。

七　校舎その他の施設及び教具その他の設備の整備に関すること。

八　校長、教員その他の教育関係職員の研修に関すること。

<九〜十一は略す>

十二　青少年教育、女性教育及び公民館の事業その他社会教育に関すること。

十三　スポーツに関すること。

十四　文化財の保護に関すること。

十五　ユネスコ活動に関すること。　<以下略>

第22条　（長の職務権限）

地方公共団体の長は、大綱の策定に関する事務のほか、次の各号に掲げる教育に関する事務を管理し、及び執行する。

一　大学に関すること。

二　幼保連携型認定こども園に関すること。

三　私立学校に関すること。

四　教育財産を取得し、及び処分すること。

五　教育委員会の所掌に係る事項に関する契約を結ぶこと。

六　前号に掲げるもののほか、教育委員会の所掌に係る事項に関する予算を執行すること。

第28条　（教育財産の管理等）

教育財産は、地方公共団体の長の総括の下に、教育委員会が管理するものとする。

2　地方公共団体の長は、教育委員会の申出をまつて、教育財産の取得を行うものとする。

第4章　教育機関

第2節　市町村立学校の教職員

第34条　（教育機関の職員の任命）

教育委員会の所管に属する学校その他の教育機関の校長、園長、教員、事務職員、技術職員

その他の職員は、この法律に特別の定めがある場合を除き、教育委員会が任命する。

第37条　（任命権者）

　市町村立学校職員給与負担法第1条及び第2条に規定する職員（以下「県費負担教職員」という。）の任命権は、都道府県委員会に属する。

≪参　考≫

市町村立学校職員給与負担法

第1条「市（指定都市を除き、特別区を含む。）町村立の小学校、中学校、義務教育学校、中等教育学校の前期課程及び特別支援学校の校長、副校長、教頭、主幹教諭、指導教諭、教諭、養護教諭、学校栄養職員及び事務職員の給料、扶養手当、調整手当、住居手当、初任給調整手当、通勤手当、の報酬及び職務を行うために要する費用の弁償は、都道府県の負担とする。」

第2条「市（指定都市を除く。）町村立の高等学校（中等教育学校の後期課程を含む。）で定時制の課程を置くものの校長、定時制の課程に関する校務をつかさどる副校長、定時制の課程に関する校務を整理する教頭、主幹教諭並びに定時制の課程の授業を担任する指導教諭、教諭、助教諭及び講師の給料その他の給与、定時制通信教育手当の報酬等は、都道府県の負担とする。」

第38条　（市町村委員会の内申）

　都道府県委員会は、市町村委員会の内申をまつて、県費負担教職員の任免その他の進退を行うものとする。

2　＜省略＞

3　市町村委員会は、次条の規定による校長の意見の申出があつた県費負担教職員について第一項又は前項の内申を行うときは、当該校長の意見を付するものとする。

第39条　（校長の所属教職員の進退に関する意見の申出）

　市町村立学校職員給与負担法第1条及び第2条に規定する学校の校長は、所属の県費負担教職員の任免その他の進退に関する意見を市町村委員会に申し出ることができる。

第43条　（服務の監督）

　市町村委員会は、県費負担教職員の服務を監督する。

第47条の2　（県費負担教職員の免職及び都道府県の職への採用）

　都道府県委員会は、・・・・その任命に係る市町村の県費負担教職員並びに講師で次の各号のいずれにも該当するものを免職し、引き続いて当該都道府県の常時勤務を要する職（指導主事並びに校長、園長及び教員の職を除く。）に採用することができる。

　一　児童又は生徒に対する指導が不適切であること。

　二　研修等必要な措置が講じられたとしてもなお児童又は生徒に対する指導を適切に行うことができないと認められること。

2　事実の確認の方法その他前項の県費負担教職員が同項各号に該当するかどうかを判断する

ための手続に関し必要な事項は、都道府県の教育委員会規則で定めるものとする。

第3節　学校運営協議会

第47条の5

　教育委員会は、教育委員会規則で定めるところにより、その所管に属する学校ごとに、当該学校の運営及び当該運営への必要な支援に関して協議する機関として、学校運営協議会を置くように努めなければならない。

2　学校運営協議会の委員は、次に掲げる者について、教育委員会が任命する。

　一　対象学校の所在する地域の住民

　二　対象学校に在籍する生徒、児童又は幼児の保護者

　三　社会教育法第九条の七第一項に規定する地域学校協働活動推進員その他の対象学校の運営に資する活動を行う者

　四　その他当該教育委員会が必要と認める者

3　対象学校の校長は、前項の委員の任命に関する意見を教育委員会に申し出ることができる。

4　対象学校の校長は、当該対象学校の運営に関して、教育課程の編成その他教育委員会規則で定める事項について基本的な方針を作成し、当該対象学校の学校運営協議会の承認を得なければならない。

6　学校運営協議会は、対象学校の運営に関する事項について、教育委員会又は校長に対して、意見を述べることができる。

7　学校運営協議会は、対象学校の職員の採用その他の任用に関して教育委員会規則で定める事項について、当該職員の任命権者に対して意見を述べることができる。この場合において、当該職員が県費負担教職員であるときは、市町村委員会を経由するものとする。

8　対象学校の職員の任命権者は、当該職員の任用にあたつては、前項の規定により述べられた意見を尊重するものとする。

第5章　文部科学大臣及び教育委員会相互間の関係等

第48条　（文部科学大臣又は都道府県委員会の指導、助言及び援助）

　文部科学大臣は都道府県又は市町村に対し、都道府県委員会は市町村に対し、都道府県又は市町村の教育に関する事務の適正な処理を図るため、必要な指導、助言又は援助を行うことができる。

第49条　（是正の要求の方式）

　文部科学大臣は、都道府県委員会又は市町村委員会の教育に関する事務の管理及び執行が法令の規定に違反するものがある場合又は当該事務の管理及び執行を怠るものがある場合において、児童、生徒等の教育を受ける機会が妨げられていることその他の教育を受ける権利が侵害されていることが明らかであるとして地方自治法第245条の5第1項若しくは第4項の規定に

よる求め又は同条第2項の指示を行うときは、当該教育委員会が講ずべき措置の内容を示して行うものとする。

第50条　（文部科学大臣の指示）

　文部科学大臣は、都道府県委員会又は市町村委員会の教育に関する事務の管理及び執行が法令の規定に違反するものがある場合又は当該事務の管理及び執行を怠るものがある場合において、児童、生徒等の生命又は身体に現に被害が生じ、又はまさに被害が生ずるおそれがあると見込まれ、その被害の拡大又は発生を防止するため、緊急の必要があるときは、当該教育委員会に対し、当該違反を是正し、又は当該怠る事務の管理及び執行を改めるべきことを指示することができる。ただし、他の措置によつては、その是正を図ることが困難である場合に限る。

第51条　（文部科学大臣及び教育委員会相互間の関係）

　文部科学大臣は都道府県委員会又は市町村委員会相互の間の、都道府県委員会は市町村委員会相互の間の連絡調整を図り、並びに教育委員会は、相互の間の連絡を密にし、及び文部科学大臣又は他の教育委員会と協力し、教職員の適正な配置と円滑な交流及び教職員の勤務能率の増進を図り、もつてそれぞれその所掌する教育に関する事務の適正な執行と管理に努めなければならない。

第53条　（調査）

　文部科学大臣又は都道府県委員会は、第48条第1項及び第51条の規定による権限を行うため必要があるときは、地方公共団体の長又は教育委員会が管理し、及び執行する教育に関する事務について、必要な調査を行うことができる。

2　文部科学大臣は、前項の調査に関し、都道府県委員会に対し、市町村長又は市町村委員会が管理し、及び執行する教育に関する事務について、その特に指定する事項の調査を行うよう指示をすることができる。

11.　教育公務員特例法＜抄＞　　（昭和24年1月12日・法律第1号）

第1章　総則

第1条（この法律の趣旨）

　この法律は、教育を通じて国民全体に奉仕する教育公務員の職務とその責任の特殊性に基づき、教育公務員の任免、人事評価、給与、分限、懲戒、服務及び研修等について規定する。

第2条（定義）

　この法律において「教育公務員」とは、地方公務員のうち、学校教育法第1条に規定する学校……であつて地方公共団体が設置するものの学長、校長（園長を含む。以下同じ。）、教員及び部局長並びに教育委員会の専門的教育職員をいう。

2　この法律において「教員」とは、公立の学校の教授、准教授、助教、副校長、教頭、主幹教諭、指導教諭、教諭、助教諭、養護教諭、養護助教諭、栄養教諭……をいう。

第2章　任免、人事評価、給与、分限及び懲戒

第11条　（採用及び昇任の方法）

　公立学校の校長の採用並びに教員の採用及び昇任は、選考によるものとし、その選考は、大学附置の学校にあつては当該大学の学長が、大学附置の学校以外の公立学校にあつてはその校長及び教員の任命権者である教育委員会の教育長が行う。

第12条　（条件付任用）

　公立の小学校、中学校、義務教育学校、高等学校、中等教育学校、特別支援学校、幼稚園（以下「小学校等」という。）の教諭、助教諭及び講師（以下「教諭等」という。）に係る地方公務員法第22条に規定する採用については、同項中「6月」とあるのは「1年」として同条の規定を適用する。

第3章　服務

第17条　（兼職及び他の事業等の従事）

　教育公務員は、教育に関する他の職を兼ね、又は教育に関する他の事業若しくは事務に従事することが本務の遂行に支障がないと任命権者において認める場合には、給与を受け、又は受けないで、その職を兼ね、又はその事業若しくは事務に従事することができる。

第18条　（公立学校の教育公務員の政治的行為の制限）

　公立学校の教育公務員の政治的行為の制限については、当分の間、地方公務員法第36条の規定にかかわらず、国家公務員の例による。

第4章　研修

第21条　（研修）

　教育公務員は、その職責を遂行するために、絶えず研究と修養に努めなければならない。

2　教育公務員の研修実施者は、教育公務員の研修について、それに要する施設、研修を奨励するための方途その他研修に関する計画を樹立し、その実施に努めなければならない。

第22条　（研修の機会）

　教育公務員には、研修を受ける機会が与えられなければならない。

2　教員は、授業に支障のない限り、本属長の承認を受けて、勤務場所を離れて研修を行うことができる。

3　教育公務員は、任命権者の定めるところにより、現職のままで、長期にわたる研修を受けることができる。

第23条　（初任者研修）

　公立の小学校等の教諭等の任命権者は、当該教諭等に対して、その採用の日から1年間の教諭の職務の遂行に必要な事項に関する実践的な研修（以下「初任者研修」という。）を実施しなければならない。

2　任命権者は、初任者研修を受ける者（次項において「初任者」という。）の所属する学校

の副校長、教頭、主幹教諭、指導教諭、教諭又は講師のうちから、指導教員を命じるものとする。

3　指導教員は、初任者に対して教諭の職務の遂行に必要な事項について指導及び助言を行うものとする。

第24条　（中堅教諭等資質向上研修）

　公立の小学校等の教諭等の研修実施者は、当該教諭等に対して、個々の能力、適性等に応じて、公立の小学校等における教育に関し相当の経験を有し、その教育活動その他の学校運営の円滑かつ効果的な実施において中核的な役割を果たすことが期待される中堅教諭等としての職務を遂行する上で必要とされる資質の向上を図るために必要な事項に関する研修を実施しなければならない。

2　指導助言者は、中堅教諭等資質向上研修を実施するに当たり、中堅教諭等資質向上研修を受ける者の能力、適性等について評価を行い、その結果に基づき、当該者ごとに中堅教諭等資質向上研修に関する計画書を作成しなければならない。

第25条　（指導改善研修）

　公立の小学校等の教諭等の任命権者は、児童、生徒又は幼児（以下「児童等」という。）に対する指導が不適切であると認定した教諭等に対して、その能力、適性等に応じて、当該指導の改善を図るために必要な事項に関する研修（以下「指導改善研修」という。）を実施しなければならない。

2．3　＜省略＞

4　任命権者は、指導改善研修の終了時において、指導改善研修を受けた者の児童等に対する指導の改善の程度に関する認定を行わなければならない。

第25条の2　（指導改善研修後の措置）

　任命権者は、前条第4項の認定において指導の改善が不十分でなお児童等に対する指導を適切に行うことができないと認める教諭等に対して、免職その他の必要な措置を講ずるものとする。

第5章　大学院修学休業

第26条　（大学院修学休業の許可及びその要件等）

　公立の小学校等の主幹教諭、指導教諭、教諭、養護教諭、栄養教諭又は講師（以下「主幹教諭等」という。）で次の各号のいずれにも該当するものは、任命権者の許可を受けて、3年を超えない範囲内で年を単位として定める期間、大学（短期大学を除く。）の大学院の課程若しくは専攻科の課程又はこれらの課程に相当する外国の大学の課程に在学してその課程を履修するための休業（以下「大学院修学休業」という。）をすることができる。

　一　主幹教諭、指導教諭、教諭又は講師にあつては教育職員免許法に規定する教諭の専修免許状、養護をつかさどる主幹教諭又は養護教諭にあつては同法に規定する養護教諭の専修免許状、栄養の指導及び管理をつかさどる主幹教諭又は栄養教諭にあつては同法に規定す

る栄養教諭の専修免許状の取得を目的としていること。

　＜以下、省略＞

2　大学院修学休業の許可を受けようとする主幹教諭等は、取得しようとする専修免許状の種類、在学しようとする大学院の課程等及び大学院修学休業をしようとする期間を明らかにして、任命権者に対し、その許可を申請するものとする。

第27条　（大学院修学休業の効果）

　大学院修学休業をしている主幹教諭等は、国家公務員又は地方公務員としての身分を保有するが、職務に従事しない。

2　大学院修学休業をしている期間については、給与を支給しない。

12.　地方公務員法＜抄＞　（昭和25年12月13日・法律第261号）

第22条　（条件付採用）

　職員の任用は、全て条件付のものとし、当該職員がその職において六月の期間を勤務し、その間その職務を良好な成績で遂行したときに、正式のものとなるものとする。この場合において、人事委員会は、条件附採用の期間を１年を超えない範囲内まで延長することができる。

第28条　（降任、免職、休職等）

　職員が、次の各号に掲げる場合のいずれかに該当するときは、その意に反して、これを降任し、又は免職することができる。

　一　人事評価又は勤務の状況を示す事実に照らして、勤務実績が良くない場合

　二　心身の故障のため、職務の遂行に支障があり、又はこれに堪えない場合

　三　前二号に規定する場合の外、その職に必要な適格性を欠く場合

　四　職制若しくは定数の改廃又は予算の減少により廃職又は過員を生じた場合

2　職員が、次の各号に掲げる場合のいずれかに該当するときは、その意に反してこれを休職することができる。

　一　心身の故障のため、長期の休養を要する場合

　二　刑事事件に関し起訴された場合

第29条　（懲戒）

　職員が次の各号のいずれかに該当する場合には、当該職員に対し、懲戒処分として戒告、減給、停職又は免職の処分をすることができる。

　一　この法律若しくは・・これらに基く条例、地方公共団体の規則若しくは地方公共団体の機関の定める規程に違反した場合

　二　職務上の義務に違反し、又は職務を怠った場合

　三　全体の奉仕者たるにふさわしくない非行のあつた場合

第30条　（服務の根本基準）

　すべて職員は、全体の奉仕者として公共の利益のために勤務し、且つ、職務の遂行に当つては、全力を挙げてこれに専念しなければならない。

第31条　（服務の宣誓）

　職員は、条例の定めるところにより、服務の宣誓をしなければならない。

第32条　（法令等及び上司の職務上の命令に従う義務）

　職員は、その職務を遂行するに当つて、法令、条例、地方公共団体の規則及び地方公共団体の機関の定める規程に従い、且つ、上司の職務上の命令に忠実に従わなければならない。

第33条　（信用失墜行為の禁止）

　職員は、その職の信用を傷つけ、又は職員の職全体の不名誉となるような行為をしてはならない。

第34条　（秘密を守る義務）

　職員は、職務上知り得た秘密を漏らしてはならない。その職を退いた後も、また、同様とする。

2　法令による証人、鑑定人等となり、職務上の秘密に属する事項を発表する場合においては、任命権者（退職者については、その退職した職又はこれに相当する職に係る任命権者）の許可を受けなければならない。

第35条　（職務に専念する義務）

　職員は、法律又は条例に特別の定がある場合を除く外、その勤務時間及び職務上の注意力のすべてをその職責遂行のために用い、当該地方公共団体がなすべき責を有する職務にのみ従事しなければならない。

第36条　（政治的行為の制限）

　職員は、政党その他の政治的団体の結成に関与し、若しくはこれらの団体の役員となってはならず、又はこれらの団体の構成員となるように、若しくはならないように勧誘運動をしてはならない。

第37条　（争議行為等の禁止）

　職員は、地方公共団体の機関が代表する使用者としての住民に対して同盟罷業、怠業その他の争議行為をし、又は地方公共団体の機関の活動能率を低下させる怠業的行為をしてはならない。又、何人も、このような違法な行為を企て、又はその遂行を共謀し、そそのかし、若しくはあおつてはならない。

第38条　（営利企業等の従事制限）

　職員は、任命権者の許可を受けなければ、……営利を目的とする私企業を営むことを目的とする会社その他の団体の役員その他人事委員会規則（人事委員会を置かない地方公共団体においては、地方公共団体の規則）で定める地位を兼ね、若しくは自ら営利企業を営み、又は報酬を得ていかなる事業若しくは事務にも従事してはならない。

13. 教育職員免許法＜抄＞　　（昭和24年 5 月31日・法律第147号）

第 2 条　（定義）

　この法律において「教育職員」とは、学校教育法第 1 条に規定する幼稚園、小学校、中学校、義務教育学校、高等学校、中等教育学校及び特別支援学校の主幹教諭、指導教諭、教諭、助教諭、養護教諭、養護助教諭、栄養教諭及び講師をいう。

2 　この法律で「免許管理者」とは、免許状を有する者が教育職員及び文部科学省令で定める教育の職にある者である場合にあつてはその者の勤務地の都道府県の教育委員会、これらの者以外の者である場合にあつてはその者の住所地の都道府県の教育委員会をいう。

第 4 条　（種類）

　免許状は、普通免許状、特別免許状及び臨時免許状とする。

2 　普通免許状は、学校の種類ごとの教諭の免許状及び養護教諭の免許状とし、それぞれ専修免許状、一種免許状及び二種免許状（高等学校教諭の免許状にあっては、専修免許状及び一種免許状）に区分する。

3 　特別免許状は、学校の種類ごとの教諭の免許状とする。

4 　臨時免許状は、学校の種類ごとの助教諭の免許状及び養護助教諭の免許状とする。

第 5 条　（授与）

　普通免許状は、別表第 1 、別表第 2 若しくは別表第 2 の 2 に定める基礎資格を有し、かつ、大学若しくは文部科学大臣の指定する養護教諭養成機関において別表第 2 若しくは第 2 の 2 に定める単位を修得した者又はその免許状を授与するために行う教育職員検定に合格した者に授与する。ただし、次の各号の一に該当する者には、授与しない。

　一　18歳未満の者

　二　高等学校を卒業しない者。ただし、文部科学大臣において高等学校を卒業した者と同等以上の資格を有すると認めた者を除く。

　三　禁錮以上の刑に処せられた者

　四　第10条第 1 項第 2 号又は第 3 号に該当することにより免許状がその効力を失い、当該失効の日から 3 年を経過しない者

　五　第11条第 1 項から第 3 項までの規定により免許状取上げの処分を受け、当該処分の日から 3 年を経過しない者

　六　日本国憲法施行の日以後において、日本国憲法又はその下に成立した政府を暴力で破壊することを主張する政党その他の団体を結成と、又はこれに加入した者

2 〜 5 　＜省略＞

6 　免許状は、都道府県の教育委員会が授与する。

第 9 条　（効力）

　普通免許状は、全ての都道府県において効力を有する。

2　特別免許状は、その免許状を授与した授与権者の置かれる都道府県においてのみ効力を有する。

3　臨時免許状は、その免許状を授与したときから３年間、その免許状を授与した授与権者の置かれる都道府県においてのみ効力を有する。

■著者略歴

曽我　雅比児（そが　まさひこ）

1951年　大阪市に生まれる
1975年　大阪大学文学部教育学科卒業
1980年　同大学院文学研究科教育学専攻博士課程修了
　　　　文学修士
現　在　岡山理科大学名誉教授
専　攻　教育行政学、科学教育制度史

主な著書
『現代社会の教育構造』（共著）学術図書出版、1981年
『現代教育の探究』（共著）第一法規出版、1983年
『学校と学級の経営』（共著）第一法規出版、1984年
『教師教育の連続性に関する研究』（共著）多賀出版、1989年
『21世紀の教育』（共著）法律文化社、1991年
『現代公教育の構造と課題』（共著）学文社、1994年
『科学教育学講義』（単著）大学教育出版、1994年
『教職のための教育行政学』（単著）大学教育出版、2004年
『共生社会における教育を問う』（編著）大学教育出版、2005年
『教育と人間の探究』（編著）大学教育出版、2008年
『現代社会における人間と教育』（編著）大学教育出版、2012年
『現代教育における理論と実践』改訂版（編著）大学教育出版、
　2020年

公教育と教育行政 改訂第2版
——教職のための教育行政入門——

2007年10月10日　初版第1刷発行
2015年 4 月20日　改訂版第1刷発行
2024年 4 月20日　改訂第2版第1刷発行

■著　　者── 曽我雅比児
■発 行 者── 佐藤　守
■発 行 所── 株式会社 大学教育出版
　　　　　　　〒700-0953　岡山市南区西市855-4
　　　　　　　電話（086）244-1268代　FAX（086）246-0294
■印刷製本── サンコー印刷㈱
■Ｄ Ｔ Ｐ── 難波田見子
■装　　丁── 原　美穂

ISBN978-4-86692-302-4